# この本の特長と使い方

★このドリルは、1回分が、1枚の表と裏になっています。
★1回分は50点満点です。10分以内を目標に取り組みましょう。

## 表のページ

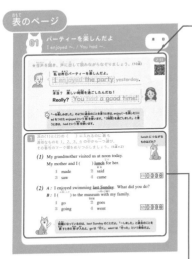

## ① ウォーミングアップ

英検®でよく出る表現を、会話形式で紹介しています。
音声を聞き、声に出して読みながらなぞりましょう。

...フォンや

...モ）」で聞く

右の二次元コードか、以下のURLにスマートフォンまたはタブレットでアクセスし、ダウンロードしてください。
https://gakken-ep.jp/extra/myotomo/

※通信料はお客様のご負担となります。 ※パソコンからはご利用になれません。 ※お客様のネット環境やご利用の端末により音声の再生やアプリの利用ができない場合、当社は責任を負いかねます。

## 裏のページ

## ② 練習問題

英検®でよく出る表現を含んだ練習問題です。
※実際の試験問題より、英文が比較的短くなっています。難しいと感じたら、以下のヒントを見ながら取り組みましょう。

・問題を解く時に注目すべき場所にオレンジ下線付き。
・キャラクターのサポート付き。
・難しい単語や熟語の日本語訳付き。

## ③ 実践問題

実際の英検®の試験形式に準じた問題です。英検®4級一次試験の大問1〜3、リスニングテスト第1〜3部のうち、2・3種類の形式で出題しています。表のページで勉強したことを思い出しながら取り組みましょう。

★**おさらいテスト** … 1つ前の級（5級）の問題を、実際の英検®の試験形式で復習するページです。
★**単語ページ** … 5、10、15、20、25、30回の計6回は、英検®4級でよく出る単語や熟語のページです。
★**まとめテスト** … 実際の英検®の試験形式で、ジャンル別の予想問題に取り組めるページです。（100点満点）

英検®は、公益財団法人 日本英語検定協会の登録商標です。
このコンテンツは、公益財団法人 日本英語検定協会の承認や推奨、その他の検討を受けたものではありません。

# もくじ

★答えは、この本の最後にあります。

英検®は、文部科学省後援の検定試験で、
入試などでも評価されています。
ここでは、4級を受験するみなさんのために、
申し込み方法や試験の行われかたなどの形式をあらかじめ紹介します。

## 4級の試験はこう行われる！

### 一次試験は筆記とリスニング

4級の一次試験は、筆記35分、リスニング約30分の合計約65分です。
筆記試験が終わると、25分ほどの準備のあと、
すぐにリスニングテストが行われます。
筆記試験もリスニングテストも、解答はすべてマークシート方式です。

### 目安の〈CAN-DO〉で学校で受けられる

一次試験は、全国の多くの都市で実施されています。
だいたいは、自分の近くの会場か、自分の通う学校などで受けられます。

### 試験は年3回行われる

一次試験（本会場）は、
6月（第1回）・10月（第2回）・1月（第3回）の年3回行われます。
申し込みの受け付けの締め切りは、試験日のおよそ1か月前です。

### スピーキングテストについて

一次試験の合否にかかわらず、4級の受験申し込み者全員が受験できます。
各自推奨された受験環境に接続できるIDとパスワード®が配付されますから
自分や学校などのネットにつながった端末から
専用サイトにアクセスして受験します。

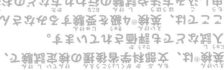

# 試験の申し込み方法は？

## 団体申し込みと個人申し込みがある

英検®の申し込み方法は、学校や塾の先生を通じて
まとめて申し込んでもらう団体申し込みと、
自分で書店などに行って手続きする個人申し込みの2通りがあります。
小・中学生の場合は、団体申し込みをして、
自分の通う学校や塾などで受験することが多いです。

## まず先生に聞いてみよう

小・中学生の場合は、自分の通っている学校や塾を通じて団体申し込みをする場合が多いので、まずは担任の先生や英語の先生に聞いてみましょう。
団体本会場（公開会場）申し込みの場合は、
先生から願書（申し込み用紙）を入手します。
必要事項を記入した願書と検定料は、先生を通じて送ってもらいます。
試験日程や試験会場なども担当の先生の指示に従いましょう。

## 個人で申し込む場合はネット・コンビニ・書店で

個人で受験する場合は、次のいずれかの方法で申し込みます。

▶ **インターネット**
英検®のウェブサイト（https://www.eiken.or.jp/eiken/）から申し込む。

▶ **コンビニエンスストア**
店内の情報端末機から直接申し込む。

（くわしくは英検®のウェブサイトをご覧ください。）

▶ **書店**
英検®特約書店（受付期間中に英検®のポスターが掲示されています）に
検定料を払い込み、「書店払込証書」と「願書」を英検®協会へ郵送する。

申し込みなどに関するお問い合わせは、
英検®を実施している公益財団法人 日本英語検定協会まで。

● 英検®ウェブサイト　https://www.eiken.or.jp/eiken/

● 英検®サービスセンター　☎03-3266-8311

※英検®ウェブサイトでは、試験に関する情報・入試活用校などを公開しています。

# 本番のスケジュール

## ① 教室へ移動

自分の受験する教室を確認し、着席します。
受験番号によって教室がちがうので、よく確認しましょう。

↓

## ② 問題冊子と解答用紙の配布

受験者心得の放送に従って、解答用紙に必要事項を記入しましょう。

↓

## ③ 試験開始

試験監督の合図で筆記試験開始です。

---

## ☑ 持ち物チェックリスト

### ● 必ず持っていくもの
- ☐ 一次受験票、または受験許可証
- ☐ HBの黒鉛筆やシャープペンシル（ボールペンは不可）
- ☐ 消しゴム

### ● 必要に応じて持っていくもの
- ☐ 腕時計（携帯電話・スマートフォンでの代用は不可）
- ☐ ハンカチ
- ☐ ティッシュ
- ☐ 防寒用の服
- ☐ 上ばき

**1** 次の(1)から(4)までの (　　) に入れるのに
最も適切なものを 1、2、3、4 の中から一つ選び、
その番号のマーク欄をぬりつぶしなさい。（10点×4）

> is ~ing の形で
> 今している最中で
> あることを表すよ。

**(1)** *A :* Where is Dad, Mom?

    *B :* In the kitchen.  He is (　　　) lunch.

       1　writing      2　looking
       3　cooking      4　playing

(1) ① ② ③ ④

**(2)** *A :* Can you help me (　　　) my homework?

    *B :* Of course.

       1　about      2　for
       3　of        4　with

(2) ① ② ③ ④

**(3)** *A :* What (　　　) is your cup?

    *B :* My cup is yellow.

       1　size       2　color
       3　food      4　music

(3) ① ② ③ ④

**(4)** *A :* (　　　) Ms. Anderson speak Japanese well?

    *B :* Yes, she speaks it very well.

       1　Is        2　Are
       3　Do       4　Does

(4) ① ② ③ ④

> speak は「～を話す」という意味だから、「～を話しますか」とたずねる文にすれば
> いいね。主語は Ms. Anderson（アンダーソンさん）で、1人の女性だから…。
> well は「じょうずに」という意味だよ。

**2** 次の(1)から(3)までの会話について、(　　)に入れるのに最も適切なものを 1、2、3、4 の中から一つ選び、その番号のマーク欄をぬりつぶしなさい。(10点×3)

「買い物に行こう」とさそっている場面だね。

*(1)* **Boy :** Let's go shopping after school.

**Girl :** (　　　　) I want a notebook.

1　See you tomorrow.　　2　Good idea.
3　No, thanks.　　4　You're welcome.

(1) ① ② ③ ④

*(2)* **Girl :** When is your math test?

**Boy :** (　　　　)

**Girl :** Good luck.

1　I don't like math.　　2　That's right.
3　Next Friday.　　4　In the classroom.

(2) ① ② ③ ④

*(3)* **Teacher :** Hello, Kenji. (　　　　)

**Student :** I'm fine, thank you.

1　How are you doing?
2　What are you doing?
3　How do you come to school?
4　Where are you going?

(3) ① ② ③ ④

**3** イラストを参考にしながら英文と応答を聞き、最も適切な応答を 1、2、3 の中から一つ選びなさい。(15点×2)

♪ 01

*(1)*

(1) ① ② ③

*(2)*

(2) ① ② ③

# おさらいテスト❷

**1** 次の(1)から(4)までの（　）に入れるのに
最も適切なものを 1、2、3、4 の中から一つ選び、
その番号のマーク欄をぬりつぶしなさい。（10点×4）

> 「〜できます」と言うときは、can を使うんだったね。

*(1)* **A :** Is your brother good at sports?

**B :** Yes, he can (　　　) very fast.

　1　go　　　　　　2　sing
　3　run　　　　　 4　read

(1) ① ② ③ ④

*(2)* **A :** Excuse me.  This coat is a little (　　　) for me.

**B :** We have a big one.  Wait a minute, please.

　1　small　　　　2　cold
　3　tall　　　　　4　happy

(2) ① ② ③ ④

*(3)* **A :** (　　　) guitar is that?  Is it yours?

**B :** No, it's my father's.

　1　When　　　　2　Where
　3　What　　　　4　Whose

(3) ① ② ③ ④

*(4)* **A :** Do you have any sisters or brothers, Bill?

**B :** Yes, I have a sister.  (　　　) name is Sophia.

　1　Her　　　　　2　Its
　3　His　　　　　4　Their

(4) ① ② ③ ④

> ビルには姉［妹］が1人いて、その人の名前がソフィアなんだね。
> 1人の女性だから、「〜の名前」という意味にするには、どれを入れるといいかな？

**2** 次の(1)と(2)の日本文の意味を表すように①から④までを並べかえて
□の中に入れなさい。そして、1番目と3番目にくるものの最も
適切な組合せを 1、2、3、4 の中から一つ選び、その番号のマーク欄を
ぬりつぶしなさい。(15点×2)

*(1)* サッカーの試合の時間はどれくらいですか。

( ① long　② is　③ the soccer　④ how )
　　1番目　　　　　　　3番目

[　　　　] [　　　　] [　　　　] [　　　　] game?

1　④ － ②　　　　2　③ － ②

3　② － ③　　　　4　① － ③　　　(1)① ② ③ ④

*(2)* 私たちのチームには有名な選手が何人かいます。

( ① has　② players　③ famous　④ some )
　　　　　1番目　　　　　　3番目

Our team [　　　] [　　　] [　　　] [　　　] .

1　① － ③　　　　2　② － ③

3　③ － ①　　　　4　① － ④　　　(2)① ② ③ ④

**3** 対話と質問を聞き、その答えとして最も適切なものを
1、2、3、4 の中から一つ選びなさい。(10点×3)　♪ 02

*(1)* 1　Fifteen.　　　2　Twenty.
　　3　Fifty.　　　　4　Twenty-five.　　(1)① ② ③ ④

*(2)* 1　Helen.　　　　2　Helen's mother.
　　3　Sam.　　　　　4　Sam's mother.　　(2)① ② ③ ④

*(3)* 1　Watching a movie.
　　2　Taking pictures.
　　3　Playing video games.
　　4　Playing soccer.　　　　　(3)① ② ③ ④

♪ 03

★音声を聞き、声に出して読みながらなぞりましょう。(10点)

私は昨日パーティーを楽しんだよ。

I enjoyed the party yesterday.

本当？　楽しい時間を過ごしたんだね！

Really? You had a good time!

💡 「〜を楽しみました」のように過去のことを言うときは、enjoy(〜を楽しむ)に ed をつけた enjoyed という形を使います。「(時間)を過ごしました」と言うときは、had という形を使います。

1 次の(1)と(2)の (　　) に入れるのに最も
適切なものを 1、2、3、4 の中から一つ選び、
その番号のマーク欄をぬりつぶしましょう。(5点×2)

lunch につながる
ものはどれ？

**(1)** My grandmother visited us at noon today.
正午

My mother and I (　　　) lunch for her.
昼食

1　made　　　　　2　said

3　saw　　　　　4　came

(1) ① ② ③ ④

**(2)** *A :* I enjoyed swimming last Sunday.  What did you do?
　　　　　　　〜を楽しんだ　　　　この前の日曜日

*B :* I (　　　　) to the museum with my family.
博物館

1　go　　　　　　2　goes

3　going　　　　4　went

(2) ① ② ③ ④

話題になっているのは、last Sunday のことだよ。「〜しました」と過去のことを
表すときの形が入るよ。go は「行く」、went は「行った」という意味だよ。

**2** 次の会話について、（　　）に入れるのに最も適切なものを
1、2、3、4 の中から一つ選び、その番号のマーク欄を
ぬりつぶしましょう。(10点)

**Boy :**　You have a new ball.　Is that a present?

**Girl :**　No.　(　　　　)

　　**1**　I like soccer very much.　　**2**　I bought it yesterday.
　　**3**　My father gave it to me.　　**4**　Thank you.　　①②③④

**3** 次の日本文の意味を表すように①から⑤までを並べかえて□□の
中に入れましょう。そして、2番目と4番目にくるものの最も適切な
組合せを 1、2、3、4 の中から一つ選び、その番号のマーク欄を
ぬりつぶしましょう。(10点)

サラは昨晩、テレビでサッカーを見ました。

（ ① TV　　② watched　　③ last　　④ on　　⑤ soccer ）

Sara ［　　　］［　2番目　］［　　　］［　4番目　］［　　　］ night.

　　**1**　① － ④　　　　　　**2**　⑤ － ②
　　**3**　① － ③　　　　　　**4**　⑤ － ①　　　①②③④

**4** イラストを参考にしながら対話と応答を聞き、最も
適切な応答を 1、2、3 の中から一つ選びましょう。(5点×2)

*(1)*

(1) ①②③

*(2)*

(2) ①②③

ごほうびを
めざして
がんばろう!!

# 宿題はした？
## Did you ~? / I didn't ~.

月　日
点

★音声を聞き、声に出して読みながらなぞりましょう。(10点)

♪ 05

宿題はした？
Did you do your homework?

あ、持ってこなかった。
Oh, I didn't bring it.

> 「あなたは～しましたか。」とたずねるときは、Did you ~? の形を使います。「～しませんでした」と言うときは、動詞の前に didn't [did not] を置きます。didn't [did not] のあとの動詞は ed などがつかない形にします。

**1** 次の(1)と(2)の (　) に入れるのに最も適切なものを 1、2、3、4 の中から一つ選び、その番号のマーク欄をぬりつぶしましょう。(5点×2)

過去の文だね。あとに動詞の have があるよ。

*(1)* A : I (　　) have breakfast this morning.
　　　　　　　　　　　　　　　　　　　　　今朝

　　 B : Really?  You can get some food at the cafeteria.
　　　　　　　　　　　　　　　　　　　　　　　　　　　カフェテリア

　　 1　don't
　　　　　~を買う
　　 2　didn't
　　 3　wasn't
　　 4　can't

(1) ① ② ③ ④

*(2)* A : Did Mary bring these flowers?

　　 B : Yes, she (　　). She likes growing flowers.
　　　　　　　~を持ってくる　　　　　　　　　　　~を育てること

　　 1　is
　　 2　does
　　 3　did
　　 4　do

(2) ① ② ③ ④

> Did ~? の文には、答えるときにも did を使うよ。「はい」のときは Yes, ~ did. で、「いいえ」のときは No, ~ didn't[did not]. で答えるのが基本だよ。

**2** 次の会話について、（　）に入れるのに最も適切なものを
1、2、3、4の中から一つ選び、その番号のマーク欄を
ぬりつぶしましょう。(10点)

*Mother :* You don't look well, Jack.　What's wrong?

*Son :* I studied until late yesterday.　So (　　　)

1 I didn't have a watch.　　2 I didn't sleep well.

3 I like math very much.　　4 I didn't watch TV.　①②③④

**3** 次の日本文の意味を表すように①から⑤までを並べかえて□の
中に入れましょう。そして、2番目と4番目にくるものの最も適切な
組合せを 1、2、3、4 の中から一つ選び、その番号のマーク欄を
ぬりつぶしましょう。(10点)

あなたはこの前の日曜日に何をしましたか。

( ① do　　② did　　③ last　　④ what　　⑤ you )

| | | | | | |
|---|---|---|---|---|---|
| | 2番目 | | 4番目 | | Sunday? |

1 ①－④　　　　　　　　2 ②－①

3 ②－③　　　　　　　　4 ①－③　　①②③④

**4** イラストを参考にしながら対話と応答を聞き、最も
適切な応答を 1、2、3 の中から一つ選びましょう。(5点×2)

*(1)*

(1)①②③

*(2)*

(2)①②③

ごほうびを
めざして
がんばろう!!

# 旅行はどうだった？

was / were

月　日

点

★音声を聞き、声に出して読みながらなぞりましょう。(10点)

♪ 07

旅行はどうだった？

How was your trip?

すばらしかったよ！

It was great!

💡「～でした」「～にいました」などと言うときは、主語が I や He、She、It なら was を、You や We などの複数なら were を使います。How was ～?（～はどうでしたか。）は様子や感想をたずねるときに使います。

**1** 次の(1)と(2)の（　）に入れるのに最も適切なものを 1、2、3、4 の中から一つ選び、その番号のマーク欄をぬりつぶしましょう。(5点×2)

Mike and I（マイクと私）が主語だよ。

*(1)* A : Do you know about Mike?
　　　 ~のことを知っている

　　 B : Yes.  Mike and I (　　　) in the same class
　　　　 last year.
　　　　 同じ

　　　 **1** is　　　　　　 **2** are

　　　 **3** was　　　　　　 **4** were

　　　　　　　　　　　　　　　(1) ① ② ③ ④

*(2)* A : Was the movie interesting?
　　　　　　　　 映画　　 おもしろい

　　 B : It was long, but it (　　　) boring.
　　　　　　　　　　　　　　　　　 たいくつな

　　　 **1** isn't　　　　　　 **2** wasn't

　　　 **3** weren't　　　　　 **4** didn't

　　　　　　　　　　　　　　　(2) ① ② ③ ④

「～でしたか」とたずねるときは、Was ～?/ Were ～? と言うよ。ふつう、Yes, ～ was[were].（はい）か No, ～ wasn't[weren't].（いいえ）と答えるよ。「～ではありませんでした」と言うときは、wasn't か weren't を使うよ。

**2** 次の会話について、（　　）に入れるのに最も適切なものを1、2、3、4の中から一つ選び、その番号のマーク欄をぬりつぶしましょう。(10点)

*Girl :* Hi, Jack. I didn't see you at school yesterday.

*Boy :* (　　　　) but I'm better now.

**1** I walked to school,

**2** I was sick in bed,

**3** I have a lot of homework,

**4** I didn't know that,

①②③④

**3** 次の日本文の意味を表すように①から⑤までを並べかえて□□の中に入れましょう。そして、2番目と4番目にくるものの最も適切な組合せを1、2、3、4の中から一つ選び、その番号のマーク欄をぬりつぶしましょう。(10点)

今日のテストは私には簡単ではありませんでした。

( ① was　　② today's test　　③ not　　④ easy　　⑤ for )

| | 2番目 | | 4番目 | | me. |

**1** ② － ⑤

**2** ② － ③

**3** ① － ③

**4** ① － ④

①②③④

**4** 英文と質問を聞き、その答えとして最も適切なものを1、2、3、4の中から一つ選びましょう。(5点×2)

♪ 08

*(1)* **1** For a week.　　**2** For seven weeks.

**3** For a month.　　**4** For five days.

(1)①②③④

*(2)* **1** He went camping.

**2** He watched a movie.

**3** He had a lot of things to do.

**4** He cleaned the park.

(2)①②③④

ごほうびをめざしてがんばろう!!

★音声を聞き、声に出して読みながらなぞりましょう。(10点)

♪ 09

そのとき何をしていたの？

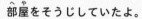

**What were you doing** then?

部屋をそうじしていたよ。

I was cleaning the room.

💡 What were you doing? は「あなたは何をしていたのですか。」という意味です。I was ～ing ….（私は～していました。）の形で答えます。

**1** 次の(1)と(2)の (　　) に入れるのに最も適切なものを 1、2、3、4 の中から一つ選び、その番号のマーク欄をぬりつぶしましょう。(5点×2)

話しているのは、「昨日の夜」のことだよ。

*(1)* A : I called you last night, but you didn't answer the phone.

　　　B : Sorry, Josh.　I (　　　) taking a shower then.

　　　　**1**　am　　　　　**2**　was

　　　　**3**　are　　　　　**4**　were

(1) ① ② ③ ④

*(2)* When I left home at five yesterday, my parents were (　　　).

　　　　**1**　sleep　　　　　**2**　slept

　　　　**3**　sleeping　　　　**4**　to sleep

(2) ① ② ③ ④

sleep は「ねむる」という意味だよ。「あなた［私たち］は～していました。」は、You [We] were ～ing …. と言うよ。「あなたは～していましたか。」は Were you ～ing …?、「あなたは～していませんでした。」は You weren't ～ing …. と言うよ。

**2** 次の会話について、（　）に入れるのに最も適切なものを
1、2、3、4 の中から一つ選び、その番号のマーク欄を
ぬりつぶしましょう。(10点)

*Father :* I knocked on the door many times. (　　　　)

*Daughter :* Well, I was listening to music.

**1** Which is your room?　　**2** Why were you there?
**3** What were you doing?　**4** Where is your CD?　①②③④

**3** 次の日本文の意味を表すように①から⑤までを並べかえて□□の
中に入れましょう。そして、2番目と4番目にくるものの最も適切な
組合せを 1、2、3、4 の中から一つ選び、その番号のマーク欄を
ぬりつぶしましょう。(10点)

向こうで箱を運んでいた人はだれですか。

( ① a box　　② over　　③ was　　④ carrying　　⑤ who )

| | 2番目 | | 4番目 | |
|---|---|---|---|---|
| | | | | |

there?

**1**　③－①　　　　　　**2**　③－④
**3**　⑤－①　　　　　　**4**　②－④　　①②③④

**4** 対話と質問を聞き、その答えとして最も適切なものを
1、2、3、4 の中から一つ選びましょう。(5点×2)　♪ 10

*(1)*　**1** The library was closed.
　　　**2** It began to rain.
　　　**3** She didn't have a pen.
　　　**4** Her homework was difficult.　(1)①②③④

*(2)*　**1** Playing volleyball.
　　　**2** Practicing basketball.
　　　**3** Talking about the game.
　　　**4** Watching the volleyball game.　(2)①②③④

ごほうびを
めざして
がんばろう!!

♪ 11

★音声を聞き、声に出して読みながらなぞりましょう。
（20点）

（人に）質問する

ask

答える

answer

とる、つかまえる

catch

受け取る

receive

覚えている

remember

忘れる

forget

引っこす、動かす

move

訪ねる

visit

終える

finish

そうじする

clean

学ぶ、習う

learn

働く

work

**1** 次の(1)と(2)の（　　）に入れるのに最も適切なものを 1、2、3、4 の中から一つ選び、その番号のマーク欄をぬりつぶしましょう。(10点×2)

**(1)** *A :* You're a good cook.  How did you (　　　　) to cook Japanese food?

    *B :* Actually, I have cooking classes twice a week.

    **1**  remember    **2**  forget

    **3**  learn    **4**  receive    (1) ① ② ③ ④

**(2)** *A :* How about going fishing tomorrow?

    *B :* Sounds good.  I'll (　　　　) my mother.

    **1**  ask    **2**  make

    **3**  answer    **4**  catch    (2) ① ② ③ ④

**2** 英文と質問を聞き、その答えとして最も適切なものを 1、2、3、4 の中から一つ選びましょう。(5点×2)

 ♪ 12

**(1)**  **1**  Working at the theater.

    **2**  Watching a movie.

    **3**  Reading a book.

    **4**  Moving the books.    (1) ① ② ③ ④

**(2)**  **1**  She visited her grandparents.

    **2**  She finished her homework.

    **3**  She went on a trip.

    **4**  She cleaned the house.    (2) ① ② ③ ④

ごほうびを
めざして
がんばろう!!

月　　　日
点

★音声を聞き、声に出して読みながらなぞりましょう。(10点)

♪13

明日は何をする予定？

What are you going to do tomorrow?

泳ぎに行く予定だよ。

I'm going to go swimming.

💡 What are you going to do? で「あなたは何をする予定[つもり]ですか。」という意味です。I'm going to 〜.(私は〜する予定[つもり]です。)の形で答えます。

---

**1** 次の(1)と(2)の（　）に入れるのに最も適切なものを 1、2、3、4 の中から一つ選び、その番号のマーク欄をぬりつぶしましょう。(5点×2)

前に are going があることに注目しよう。

*(1)* A : My friends are going (　　) to our school festival tomorrow.

B : Really?　I want to see them.

1　come　　　　　2　coming

3　came　　　　　4　to come

(1) ① ② ③ ④

*(2)* A : (　　) he going to move to Brazil next month?

B : That's right.

1　Do　　　　　2　Does

3　Is　　　　　4　Can

(2) ① ② ③ ④

「彼は〜する予定[つもり]ですか。」とたずねるときは、Is he going to 〜? の形を使うよ。ふつう、Yes, he is.(はい)か No, he isn't.(いいえ)と答えるよ。「あなたは〜する予定[つもり]ですか。」なら、Are you going to 〜? となるよ。

**2** 次の会話について、（　）に入れるのに最も適切なものを
1、2、3、4 の中から一つ選び、その番号のマーク欄を
ぬりつぶしましょう。(10点)

*Man :* Hi, Anna. (　　　) My bus stopped for 20 minutes.

*Woman :* Hi, Tom. That's OK. I'll wait in a cafe.

1　I have to go now.
2　I'm going to study.
3　I'm going to be late.
4　I took the wrong train.

① ② ③ ④

**3** 次の日本文の意味を表すように①から⑤までを並べかえて□□の
中に入れましょう。そして、2番目と4番目にくるものの最も適切な
組合せを 1、2、3、4 の中から一つ選び、その番号のマーク欄を
ぬりつぶしましょう。(10点)

ジルは今日、ジョギングに行くつもりはありません。

( ① go　　② going　　③ not　　④ to　　⑤ is )

Jill ☐☐☐☐☐☐☐☐ jogging today.

（2番目）　　　　（4番目）

1　③ － ①
2　③ － ④
3　④ － ②
4　⑤ － ③

① ② ③ ④

**4** 対話と質問を聞き、その答えとして最も適切なものを
1、2、3、4 の中から一つ選びましょう。(5点×2)

♪ 14

*(1)*　1　Go to the station.　　　2　Play soccer.
　　　3　Visit his uncle's house.　4　Watch a soccer game.

(1) ① ② ③ ④

*(2)*　1　Learn English.　　　2　Go skiing.
　　　3　Take skating lessons.　4　Camp in the mountains.

(2) ① ② ③ ④

いっぽずつ…
いっぽずつ…。

★音声を聞き、声に出して読みながらなぞりましょう。(10点)

♪ 15

今晩は家にいる？
**Will you be home** this evening?

たぶん。夕食にはおくれないよ。
Maybe. **I won't be late** for dinner.

💡 Will you 〜? は「あなたは〜しますか。」という意味で、未来のことをたずねるときに使います。「私は〜しません。」なら I won't 〜. と言います。won't は will not を短くした言い方です。

**1** 次の(1)と(2)の（　　）に入れるのに最も適切なものを 1、2、3、4 の中から一つ選び、その番号のマーク欄をぬりつぶしましょう。(5点×2)

メールはこれから送るんだね。

*(1)* **A :** Enjoy your summer vacation.

**B :** You too.　I (　　　) send an e-mail to you.

　**1**　will　　　　　　**2**　am

　**3**　have　　　　　　**4**　could

(1) ① ② ③ ④

*(2)* **A :** Will Fred (　　　) here tomorrow?

**B :** Yes, he'll come by train.

　**1**　arrive　　　　　**2**　arrives

　**3**　arrived　　　　　**4**　to arrive

(2) ① ② ③ ④

arrive は「到着する」という意味だよ。will の文の中では、主語が he や she などのときでも、動詞は s や es などがつかない形を使うよ。Will 〜? の文にはふつう、「はい」なら Yes, 〜 will. と、「いいえ」なら No, 〜 won't. と答えるよ。

次の会話について、（　　）に入れるのに最も適切なものを
1、2、3、4 の中から一つ選び、その番号のマーク欄を
ぬりつぶしましょう。（10点）

*Girl 1 :* Your birthday is coming soon, Nancy. (　　　　)

*Girl 2 :* Next Sunday at my home.  Can you come?

   **1**  What do you want?
   **2**  When will you have a party?
   **3**  How do you go there?
   **4**  Where is your house?　　　　　　　①②③④

**3** 次の日本文の意味を表すように①から⑤までを並べかえて□□□の
中に入れましょう。そして、2番目と4番目にくるものの最も適切な
組合せを 1、2、3、4 の中から一つ選び、その番号のマーク欄を
ぬりつぶしましょう。（10点）

会議はどのくらい時間がかかりますか。

( ① long　　② the meeting　　③ take　　④ will　　⑤ how )

|  | 2番目 |  | 4番目 |  |
|---|---|---|---|---|

 ?

  **1**  ④ － ③　　　　　　**2**  ① － ⑤
  **3**  ② － ④　　　　　　**4**  ① － ②　　　①②③④

**4** 英文と質問を聞き、その答えとして最も適切なものを　　　　♪ 16
1、2、3、4 の中から一つ選びましょう。（5点×2）

*(1)*  **1**  Meet Clair at the station.  **2**  Visit the bookstore.
     **3**  Go shopping.     **4**  Buy a present for Clair.

                         (1)①②③④

*(2)*  **1**  Sunny and warm.    **2**  Cloudy and cool.
     **3**  Rainy and cold.    **4**  Windy and hot.  (2)①②③④

いっぽずつ…
いっぽずつ…。

★音声を聞き、声に出して読みながらなぞりましょう。（10点）

私 はもう出なくちゃいけないんだ。

**I must leave now.**

急ぐ必要はないよ。

**You don't have to hurry.**

💡 I must ～. は「私 は～しなければなりません。」、You don't have to ～. は「あなたは～する必要はありません。」という意味です。You have to ～. なら「あなたは～しなければなりません。」という意味になります。

**1** 次の(1)と(2)の（　　）に入れるのに 最も適切なものを 1、2、3、4 の中から一つ選び、その番号のマーク欄をぬりつぶしましょう。（5点×2）

「終えなければならない」という文にするよ。

**(1)** Susan didn't do her homework.

She (　　　) finish it by tomorrow.

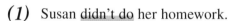

**1** has　　　　　　**2** have to

**3** must　　　　　　**4** going to

(1) ① ② ③ ④

**(2)** A : The train was very crowded today.

B : Yes, I (　　　) to stand for fifteen minutes.

**1** have　　　　　　**2** had

**3** going　　　　　　**4** must

(2) ① ② ③ ④

「立っていなければならなかった」という文にするよ。「～しなければならなかった」と言うときは、must ではなく had to ～ を使うよ。また、「あなたは～しなければなりませんか。」とたずねるときは、Do you have to ～? と言うよ。

*Daughter :* Dad, can we go to the park on Saturday or Sunday?

*Dad :* Sorry, Asha. (　　　　)

1　I have to go to work this weekend.
2　I had to go to the park.
3　You should play tennis there.
4　That's a good idea.

①②③④

あなたは博物館の中では静かにしなければなりません。

( ① be　② must　③ in　④ quiet　⑤ you )

|  | 2番目 |  | 4番目 |  |
|---|---|---|---|---|
|  |  |  |  |  | the museum.

1　①－④　　　　　　2　④－⑤
3　②－③　　　　　　4　②－④

①②③④

♪ 18

*(1)*　1　Check the weather.　　2　Get an umbrella.
　　　3　Look for the hospital.　4　Go to the dentist.

(1)①②③④

*(2)*　1　To a classroom.
　　　2　To a teachers' room.
　　　3　To Mr. Brown's house.
　　　4　To a science room.

(2)①②③④

いっぽずつ…。
いっぽずつ…。

# ベッドに赤ちゃんがいるよ
There is[are] 〜. / Be 〜.

月　日

点

★音声を聞き、声に出して読みながらなぞりましょう。(10点)

♪ 19

ベッドに赤ちゃんがいるよ。

**There is a baby on** the bed.

静かにしてね。彼はねむっているよ。

**Be quiet.** He is sleeping.

💡 There is a 〜. / There are 〜. で「〜があります[います]。」という意味です。There are のときは、複数形の語句が続きます。Be quiet. は「静かにして。」という意味で、相手に指示するときに使います。

---

**1** 次の(1)と(2)の (　　) に入れるのに最も適切なものを 1、2、3、4 の中から一つ選び、その番号のマーク欄をぬりつぶしましょう。(5点×2)

> questions と複数形になっていることに注目。

**(1)** A : Betty, was today's test difficult? 難しい

　　B : It was easy for me. There (　　) only
　　ten questions.
　　問題
　　~しかない

　　　1　were　　　　2　are

　　　3　was　　　　4　is

(1) ① ② ③ ④

**(2)** A : (　　) open the window, Yuta. The wind is very strong.
　　風　　　　強い

　　B : OK, Mom.

　　　1　Be　　　　2　Please

　　　3　Let's　　　4　Don't

(2) ① ② ③ ④

Be 〜. は「〜でありなさい。」、Please 〜. は「〜してください。」、Let's 〜. は「〜しましょう。」、Don't 〜. は「〜してはいけません。」という意味だよ。「風がとても強い」と言っていることから、場面に合う文を考えよう。

**2** 次の会話について、（　　）に入れるのに最も適切なものを1、2、3、4の中から一つ選び、その番号のマーク欄をぬりつぶしましょう。(10点)

*Man :* There is snow on the road. (　　　)

*Woman :* Thanks, Eddie.  I'll be careful.

**1** Please drive slowly.　　**2** Don't be late.

**3** You should clean there.　　**4** Let's take a bus.

① ② ③ ④

**3** 次の日本文の意味を表すように①から⑤までを並べかえて□□□の中に入れましょう。そして、2番目と4番目にくるものの最も適切な組合せを1、2、3、4の中から一つ選び、その番号のマーク欄をぬりつぶしましょう。(10点)

あなたの学校には何人の先生がいますか。

( ① many　　② there　　③ how　　④ teachers　　⑤ are )

| | 2番目 | | 4番目 | |
|---|---|---|---|---|
| | | | | |

in your school?

**1** ④ － ③　　　　**2** ① － ⑤

**3** ② － ④　　　　**4** ① － ②

① ② ③ ④

**4** イラストを参考にしながら対話と応答を聞き、最も適切な応答を1、2、3の中から一つ選びましょう。(5点×2)

♪ 20

*(1)*

(1) ① ② ③

*(2)*

(2) ① ② ③

いっぽずつ…
いっぽずつ…。

月　日

点

★音声を聞き、声に出して読みながらなぞりましょう。
（20点）

♪ 21

言った

said

書いた

wrote

Hi!

（ことばを）話した

spoke

（人に）話した

told

こわした

broke

飲んだ

drank

勝った

won

落ちた

fell

作った

made

あげた

gave

買った

bought

思った

thought

**1** 次の(1)と(2)の（　）に入れるのに最も
適切なものを 1、2、3、4 の中から一つ選び、
その番号のマーク欄をぬりつぶしましょう。（10点×2）

*(1)* **A :** What did you get on your birthday?

　　**B :** My father (　　　) me a new racket.

　　　1　gave　　　　2　told
　　　3　won　　　　4　thought

*(2)* My sister (　　　) a cup of coffee for breakfast this morning.

　　　1　said　　　　2　broke
　　　3　drank　　　4　spoke

（2）① ② ③ ④

**2** 英文と質問を聞き、その答えとして最も適切なものを
1、2、3、4 の中から一つ選びましょう。（5点×2）

♪ 22

*(1)* 1　She helped her father.
　　　2　She drew pictures.
　　　3　She made pancakes.
　　　4　She wrote a letter.

（1）① ② ③ ④

*(2)* 1　On the weekends.
　　　2　Two months ago.
　　　3　Last Friday.
　　　4　Last month.

（2）① ② ③ ④

いっぽずつ…
いっぽずつ…。

月　日

点

★音声を聞き、声に出して読みながらなぞりましょう。(10点)　♪ 23

サッカーをしに公園に行こうよ。

Let's go to the park to play soccer.

もう家に帰る時間だよ。

It's time to go home now.

> to play soccer は「サッカーをするために」という意味で目的を表します。
> time to go home は「家に帰る(べき)時間」という意味です。to ～ は「～
> するために」や「～するべき…」などの意味を表します。

**1** 次の(1)と(2)の (　　) に入れるのに最も
適切なものを 1、2、3、4 の中から一つ選び、
その番号のマーク欄をぬりつぶしましょう。(5点×2)

> make は「作る」と
> いう意味。「～するた
> めに」とするには?

*(1)* **A :** This omelet is delicious!

　　 **B :** Thanks.  I used four eggs (　　　) it.

　　 1　make 　　　　 2　to make

　　 3　makes 　　　　 4　made

(1) ① ② ③ ④

*(2)* **A :** Do you want something (　　　), Mom?

　　 **B :** Yes, please.  Can I have some tea?

　　 1　drink 　　　　 2　drinking

　　 3　to drink 　　　　 4　drank

(2) ① ② ③ ④

> drink は「飲む」という意味だよ。something や anything などのあと
> に to ～が続くと、「何か～する(ための)もの」という意味になるよ。a lot
> of things to do(するべきたくさんのこと)という言い方も覚えておこう。

次の会話について、（　）に入れるのに最も適切なものを
1、2、3、4 の中から一つ選び、その番号のマーク欄を
ぬりつぶしましょう。(10点)

**Boy :** You look sleepy.  Did you go to bed late last night?

**Girl :** No. (　　　)

 **1**  I went to bed late yesterday.
 **2**  I feel better now.
 **3**  I got up early to do my homework.
 **4**  I usually watch TV after dinner.

①②③④

**3** 次の日本文の意味を表すように①から⑤までを並べかえて□の
中に入れましょう。そして、2番目と4番目にくるものの最も適切な
組合せを 1、2、3、4 の中から一つ選び、その番号のマーク欄を
ぬりつぶしましょう。(10点)

私たちの町には訪れるべき場所がたくさんあります。

( ① visit ② to ③ a lot of ④ are ⑤ places )

2番目 / 4番目

There [　　] [　　] [　　] [　　] [　　] in our town.

 **1** ②－③   **2** ③－②
 **3** ④－②   **4** ⑤－④

①②③④

**4** 対話と質問を聞き、その答えとして最も適切なものを
1、2、3、4 の中から一つ選びましょう。(5点×2)

♪ 24

*(1)* **1** To go running. **2** To take photos.
  **3** To get flowers. **4** To draw pictures.

(1) ①②③④

*(2)* **1** Go home with Joey.
  **2** Get something to eat.
  **3** Help Joey with his letter.
  **4** Bring something to write with.

(2) ①②③④

あと
ちょっとで
はんぶんだ…!!!

## 12 ダンサーになりたいんだ
〈to＋動詞 〜〉② / 〜ing

月　日

点

♪ 25

★音声を聞き、声に出して読みながらなぞりましょう。（10点）

ダンサーになりたいんだ。

**I want to be a dancer.**

わあ、ダンスがじょうずだね！
**Wow, you're** good at dancing **!**

💡 want to 〜は「〜したい」、good at 〜ing は「〜することがじょうず」という意味です。like to 〜（〜することが好き）、start to 〜（〜し始める）、remember to 〜（忘れずに〜する）、forget to 〜（〜し忘れる）などの言い方もあります。

**1** 次の(1)と(2)の（　　）に入れるのに最も適切なものを 1、2、3、4 の中から一つ選び、その番号のマーク欄をぬりつぶしましょう。（5点×2）

> grow は「育てる」という意味。like につながる形はどれかな？

*(1)* **A :** What does your brother do, Hana?

**B :** He likes (　　　　) vegetables, so he works
野菜
on a farm.
農場

  **1** grow      **2** to grow

  **3** grew      **4** grows

(1) ① ② ③ ④

*(2)* **A :** I heard you went to the mountains.
〜だそうだ　　　　　〜に行った

**B :** Yes.　I enjoyed (　　　　) there.

  **1** to ski      **2** ski

  **3** skied      **4** skiing

(2) ① ② ③ ④

ski は「スキーをする」という意味。〜ing は、次のように使われるよ。enjoy 〜ing（〜するのを楽しむ）、finish 〜ing（〜し終える）、start 〜ing（〜し始める）、How about 〜ing?（〜するのはどうですか。）、Thank you for 〜ing.（〜してくれてありがとう。）

**2** 次の(1)と(2)の日本文の意味を表すように①から⑤までを並べかえて□の中に入れましょう。そして、2番目と4番目にくるものの最も適切な組合せを 1、2、3、4 の中から一つ選び、その番号のマーク欄をぬりつぶしましょう。(10点×2)

*(1)* 明日、あなたの本を忘れずに持ってきます。

( ① I'll    ② your book    ③ bring    ④ to    ⑤ remember )

| | 2番目 | | 4番目 | |
|---|---|---|---|---|
| | | | | | tomorrow.

1　⑤ － ②　　　2　⑤ － ③
3　③ － ⑤　　　4　③ － ④

(1) ① ② ③ ④

*(2)* 私を動物園に連れていってくれてありがとう。

( ① you    ② for    ③ me    ④ thank    ⑤ taking )

| | 2番目 | | 4番目 | |
|---|---|---|---|---|
| | | | | | to the zoo.

1　① － ⑤　　　2　② － ①
3　③ － ④　　　4　① － ②

(2) ① ② ③ ④

**3** イラストを参考にしながら対話と応答を聞き、最も適切な応答を 1、2、3 の中から一つ選びましょう。(5点×2)

*(1)*

(1) ① ② ③

*(2)*

(2) ① ② ③

あとちょっとではんぶんだ…!!!

# きみより背が高いよ

## taller than 〜 / the tallest in[of] 〜

月　日

点

★音声を聞き、声に出して読みながらなぞりましょう。（10点）

♪ 27

私はきみよりも背が高いよ。

**I'm taller than you.**

クラスでいちばん背が高いんだ。

**I'm the tallest in my class.**

> taller than 〜 で「〜より背が高い」、the tallest in 〜 で「〜の中でいちばん背が高い」という意味です。また、「〜より速く走る」なら run faster than 〜、「〜の中でいちばん速く走る」なら run the fastest in[of] 〜 と表します。

**1** 次の(1)と(2)の（　　）に入れるのに最も適切なものを 1、2、3、4 の中から一つ選び、その番号のマーク欄をぬりつぶしましょう。（5点×2）

than（〜よりも）があるから 〜er の形の語が入るね。

*(1)* *A :* How was the weather in Paris?
天気　　　　　　　　　　パリ

*B :* Today was (　　　　) than yesterday.

　　1　younger　　　　2　smaller

　　3　busier　　　　　4　hotter

(1) ① ② ③ ④

*(2)* *A :* What's your favorite book?

*B :* I think this book is the (　　　) of all.
お気に入りの

　　1　most interesting　　2　more famous

　　3　most careful　　　　4　more exciting

(2) ① ② ③ ④

> more popular than 〜（〜より人気のある）、the most popular（いちばん人気のある）のような言い方もあるよ。空所の前に the があることに注目しよう。of all は「全部の中で」という意味で、比べる範囲を示すよ。

**2** 次の会話について、（　　）に入れるのに最も適切なものを
1、2、3、4の中から一つ選び、その番号のマーク欄を
ぬりつぶしましょう。（10点）

*Boy :* This is my grandfather.  He'll be ninety next month.

*Girl :* Really?  (　　　)

 **1** You have a nice camera.
 **2** She's my best friend.
 **3** He looks younger than that.
 **4** I'm not sure.

 ①②③④

**3** 次の日本文の意味を表すように①から⑤までを並べかえて□の
中に入れましょう。そして、2番目と4番目にくるものの最も適切な
組合せを1、2、3、4の中から一つ選び、その番号のマーク欄を
ぬりつぶしましょう。（10点）

東京は世界で最も大きな都市の一つです。

（　① cities ② biggest ③ is ④ one of ⑤ the　）

Tokyo ☐☐（2番目）☐☐（4番目）☐ in the world.

 **1** ④－①  **2** ④－②
 **3** ②－③  **4** ②－④

 ①②③④

**4** 対話と質問を聞き、その答えとして最も適切なものを
1、2、3、4の中から一つ選びましょう。（5点×2）

♪ 28

*(1)* **1** Ken.  **2** Hans.
  **3** Andy.  **4** Nina.

 (1) ①②③④

*(2)* **1** Favorite subjects. **2** Club activities.
  **3** Popular sports.  **4** Famous teachers.

 (2) ①②③④

あと
ちょっとで
はんぶんだ…!!!

# 同じくらいかわいい

as … as 〜 / like … better than 〜

月　日

点

★音声を聞き、声に出して読みながらなぞりましょう。(10点)

♪ 29

私のネコはあなたのイヌと同じくらいかわいいよ。

My cat is as cute as your dog.

私はネコよりもイヌのほうが好きなんだ。

I like dogs better than cats.

💡 as cute as 〜で「〜と同じくらいかわいい」、like dogs better than cats で「ネコよりもイヌのほうが好き」という意味です。like dogs the best なら「イヌがいちばん好き」という意味になります。

1 次の(1)と(2)の (　　) に入れるのに最も適切なものを 1、2、3、4 の中から一つ選び、その番号のマーク欄をぬりつぶしましょう。(5点×2)

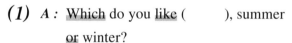

どちらのほうがより好きかと質問しているよ。

*(1)* **A :** Which do you like (　　　　), summer or winter?

**B :** I like both seasons.  I can't decide.
両方の　季節　　　　　　　決める

1　better　　　　2　best

3　most　　　　4　good

(1) ① ② ③ ④

*(2)* **A :** Can Billy sing as well (　　　) you?
じょうずに

**B :** Yes, he is good at singing.
〜が得意である

1　so　　　　2　as

3　than　　　　4　of

(2) ① ② ③ ④

前に as があるから、「同じくらいじょうずに」という意味の文にすればいいね。not as well as 〜とすると「〜ほどじょうずではない」という意味になることも覚えておこう。

**2** 次の会話について、（　）に入れるのに 最も適切なものを
1、2、3、4 の中から一つ選び、その番号のマーク欄を
ぬりつぶしましょう。(10点)

*Girl :* Tennis is my favorite sport.  How about you?

*Boy :* (　　　) It's exciting.

1 I don't think so.　　　　2 I like basketball the best.

3 I have a racket.　　　　4 I don't like sports.　①②③④

**3** 次の日本文の意味を表すように①から⑤までを並べかえて□の
中に入れましょう。そして、2番目と4番目にくるものの 最も適切な
組合せを 1、2、3、4 の中から一つ選び、その番号のマーク欄を
ぬりつぶしましょう。(10点)

私のカメラはこのカメラほど古くありません。

( ① not　　② as　　③ this　　④ is　　⑤ as old )

My camera ⬚ | 2番目 | ⬚ | 4番目 | ⬚ one.

1 ① − ⑤　　　　　　2 ② − ①

3 ① − ②　　　　　　4 ③ − ④　　①②③④

**4** イラストを参考にしながら対話と応答を聞き、最も
適切な応答を 1、2、3 の中から一つ選びましょう。(5点×2)

♪ 30

*(1)*

(1) ①②③

*(2)*

(2) ①②③

あと
ちょっとで
はんぶんだ…!!!

月　日

点

♪ 31

★音声を聞き、声に出して読みながらなぞりましょう。
（20点）

博物館、美術館

*museum*

図書館

*library*

レストラン

*restaurant*

駅

*station*

病院

*hospital*

ビーチ

*beach*

天気

*weather*

趣味

*hobby*

レッスン、授業

*lesson*

チケット

*ticket*

地図

*map*

辞書

*dictionary*

**1** 次の（　）に入れるのに最も
適切なものを 1、2、3、4 の中から一つ選び、
その番号のマーク欄をぬりつぶしましょう。（10点）

*A :* Why don't we go to see this movie?

*B :* Sounds fun.  I'll get two (　　　) for it.

1　information　　2　reports

3　passports　　4　tickets　　①②③④

**2** 次の日本文の意味を表すように①から⑤までを並べかえて□の
中に入れましょう。そして、2番目と4番目にくるものの最も適切な
組合せを 1、2、3、4 の中から一つ選び、その番号のマーク欄を
ぬりつぶしましょう。（10点）

明日の天気はどうなりますか。

( ① will　　② the weather　　③ be　　④ tomorrow　　⑤ how )

| | 2番目 | | 4番目 | |
|---|---|---|---|---|
| | | | | |

?

1　①－③　　2　④－②

3　⑤－④　　4　③－②　　①②③④

**3** 対話と質問を聞き、その答えとして最も適切なものを
1、2、3、4 の中から一つ選びましょう。（5点×2）

♪ 32

*(1)* 1　Their art lesson.　　2　Their hobbies.

3　Their new job.　　4　Their favorite subject.　　(1)①②③④

*(2)* 1　To a restaurant.　　2　To a station.

3　To a library.　　4　To a bus stop.　　(2)①②③④

はんぶんまで
きたよ!!

★音声を聞き、声に出して読みながらなぞりましょう。（10点）

♪ 33

今朝、起きたとき、寒かった。

It was cold when I got up this morning.

もし雪が降れば、雪だるまを作るつもり。

If it snows, I'll make a snowman.

> when ～は「～するとき」という意味で、文と文をつなぎます。if ～は「もし～ならば」という意味で、because ～は「～なので、～だから」という意味で文と文をつなぎます。

**1** 次の(1)と(2)の（　）に入れるのに最も適切なものを 1、2、3、4 の中から一つ選び、その番号のマーク欄をぬりつぶしましょう。（5点×2）

「駅に到着した～」
につながるものは
どれかな？

*(1)* A : Please call me (　　　　) you arrive at the
　　　　　　～に電話をかける　　　　　到着する
station.

B : OK.  I'll call you later, Mom.
　　　　　　　　　　　　　　あとで

1 because　　　2 when

3 so　　　　　4 that

(1) ① ② ③ ④

*(2)* A : Come to the event (　　　　) you're interested in anime.
　　　　　　　　　　　イベント　　　～に興味がある　　アニメ
B : I'd love to.  I love anime.
　　ぜひしたいです。

1 after　　　　2 than

3 but　　　　　4 if

(2) ① ② ③ ④

> どの単語を入れると前の文と後ろの文が自然につながるかを考えよう。after は「～したあとに」、than は「～よりも」、but は「しかし」、if は「もし～ならば」という意味だよ。

次の会話について、（　　）に入れるのに最も適切なものを
1、2、3、4 の中から一つ選び、その番号のマーク欄を
ぬりつぶしましょう。（10点）

> ***Son :*** Mom, can I eat this pizza?
>
> ***Mother :*** Sure. (　　　　)
>
> ***Son :*** OK.

**1** Wash your hands before you eat it.
**2** Be quiet when you enter the room.
**3** I'm happy to see you.
**4** I like pizza the best.

① ② ③ ④

**3** 次の日本文の意味を表すように①から⑤までを並べかえて□の
中に入れましょう。そして、2番目と4番目にくるものの最も適切な
組合せを 1、2、3、4 の中から一つ選び、その番号のマーク欄を
ぬりつぶしましょう。（10点）

私は時間があるときには、よく音楽を聞きます。

( ① when　　② listen to　　③ I　　④ have　　⑤ music )

I often ☐ ☐（2番目） ☐ ☐（4番目） ☐ time.

**1** ② － ①　　　　**2** ⑤ － ③
**3** ④ － ②　　　　**4** ③ － ⑤

① ② ③ ④

**4** 英文と質問を聞き、その答えとして最も適切なものを
1、2、3、4 の中から一つ選びましょう。（5点×2）

♪ 34

*(1)* **1** He didn't like it.　　**2** He wasn't hungry.
　　　**3** He ate pizza.　　　　**4** He was tired.

(1) ① ② ③ ④

*(2)* **1** Go swimming.　　**2** Go to the beach.
　　　**3** Take a swimming lesson.
　　　**4** Buy a new hat.

(2) ① ② ③ ④

いいにおいが
してきたよ!!

# 17 うれしそうだね
look 〜 / 〈give ＋人＋物〉

♪ 35

★音声を聞き、声に出して読みながらなぞりましょう。（10点）

うれしそうだね。何があったの？

**You look happy.** What happened?

ケンが私にプレゼントをくれたんだ。

Ken **gave me a present**.

💡 You look 〜. は「あなたは〜に見えます。」という意味です。gave のあとに「人」を表すことばと「物」を表すことばが続くと、「（人）に（物）をあげた」という意味です。〈give＋人＋物〉なら「（人）に（物）をあげる」です。

---

**1** 次の(1)と(2)の（　　）に入れるのに最も適切なものを 1、2、3、4 の中から一つ選び、その番号のマーク欄をぬりつぶしましょう。（5点×2）

お母さんに花を
どうしたの
かな？

**(1)** **A :** Did you (　　　　) your mother flowers

on Mother's Day?
母の日

**B :** No, I sent her a card this year.
送った

　　1　tell 　　　　2　look
　　3　give 　　　　4　make

(1) ① ② ③ ④

**(2)** **A :** I want to (　　　　) a police officer.
警察官

**B :** I hope your wish comes true.
願い　　　　〜がかなう

　　1　look 　　　　2　become
　　3　give 　　　　4　get

(2) ① ② ③ ④

look や get はあとに様子を表すことばが続くと、「〜に見える」、「〜になる」という意味になるよ。become は「〜になる」という意味で、あとには様子を表すことばや物の名前を表すことばが続くよ。

次の会話について、（　　）に入れるのに 最も適切なものを
1、2、3、4 の中から一つ選び、その番号のマーク欄を
ぬりつぶしましょう。(10点)

*Teacher :* Are you all right?　(　　　　)

*Student :* Well, I have a fever.　I'm going to the doctor.

  **1**　You don't look well.　  **2**　I feel better now.

  **3**　It's near the hospital.　  **4**　You like cats.

    ① ② ③ ④

**3** 次の日本文の意味を 表 すように①から⑤までを並べかえて□の
中に入れましょう。そして、2番目と4番目にくるものの 最 も適切な
組合せを 1、2、3、4 の中から一つ選び、その番号のマーク欄を
ぬりつぶしましょう。(10点)

あなたの家族の写真を見せてくれますか。

( ① you　　② the picture　　③ show　　④ of　　⑤ me )

Can　[　　　　]　[　2番目　]　[　　　　]　[　4番目　]　[　　　　]　your family?

  **1**　③ － ④　　　　　　**2**　⑤ － ④

  **3**　⑤ － ①　　　　　　**4**　③ － ②

    ① ② ③ ④

**4** 対話と質問を聞き、その答えとして 最も適切なものを
1、2、3、4 の中から一つ選びましょう。(5点×2)

♪ 36

*(1)* **1**　He is busy.

    **2**　His homework is difficult.

    **3**　He doesn't like to study.

    **4**　He forgot his homework.

    (1) ① ② ③ ④

*(2)* **1**　Tony's new friend.

    **2**　Tony's e-mail address.

    **3**　Tony's new address.

    **4**　Tony's phone number.

    (2) ① ② ③ ④

いいにおいが
してきたよ!!

★音声を聞き、声に出して読みながらなぞりましょう。（10点）

なぜそんなに早く起きたの？

**Why did you** get up so early?

イヌを散歩させなくちゃならなかったからだよ。

**Because I had** to walk my dog.

💡 Why 〜？ は「〜はなぜですか。」と理由や目的をたずねるときに使います。Because 〜.（なぜなら〜だからです。）や To 〜.（〜するためです。）を使って答えます。

**1** 次の(1)と(2)の（　）に入れるのに最も適切なものを 1、2、3、4 の中から一つ選び、その番号のマーク欄をぬりつぶしましょう。（5点×2）

> B は「〜を学ぶために」と理由を答えているよ。

*(1)* **A :** (　　　) do you want to study abroad?
　　　　　　　　　　　　　留学する
**B :** To learn about American culture.
　　　　　　　　　　　　　　　文化

　　**1** What　　　**2** When
　　**3** Why　　　**4** Which

(1) ① ② ③ ④

*(2)* **A :** It's time for bed now.
　　　　　　　〜の時間です
　　　(　　　) does the drama finish?
　　　　　　　　　　　　ドラマ
**B :** In five minutes. I'll go to bed after that.

　　**1** When　　　**2** Where
　　**3** Why　　　**4** Who

(2) ① ② ③ ④

> B は In five minutes.（5分後です。）と時を答えているよ。When 〜？ は「〜はいつですか。」、Where 〜？ は「〜はどこですか。」、Why 〜？ は「〜はなぜですか。」、Who 〜？ は「〜はだれですか。」とたずねるときに使うよ。

**2** 次の(1)と(2)の会話について、（　）に入れるのに最も適切なものを 1、2、3、4 の中から一つ選び、その番号のマーク欄をぬりつぶしましょう。（10点×2）

*(1)*　*Teacher :* Aya, (　　　　)

　　　*Student :* I'm sorry, Mr. Smith.　My train was late.

　　**1**　how do you come to school?
　　**2**　when is your English test?
　　**3**　where is your textbook?
　　**4**　why are you late for the class?　(1) ① ② ③ ④

*(2)*　　　*Wife :* Is this your scarf?

　*Husband :* Yes, it's mine.　(　　　)

　　　*Wife :* On the chair.

　　**1**　Whose scarf is it?
　　**2**　Where was it?
　　**3**　Did you buy it?
　　**4**　How much is it?　(2) ① ② ③ ④

**3** 対話と質問を聞き、その答えとして最も適切なものを 1、2、3、4 の中から一つ選びましょう。（5点×2）　♪ 38

*(1)*　**1**　In a library.
　　**2**　In a post office.
　　**3**　In a supermarket.
　　**4**　In a restaurant.　(1) ① ② ③ ④

*(2)*　**1**　On Friday afternoon.
　　**2**　On Friday morning.
　　**3**　On Wednesday morning.
　　**4**　On Wednesday afternoon.　(2) ① ② ③ ④

いいにおいがしてきたよ!!

19 このシャツ、どう思う？
What do you think of ～? / What kind of ～? など

月　日

点

★音声を聞き、声に出して読みながらなぞりましょう。(10点)　♪39

このシャツ、どう思う？

**What do you think of** this shirt?

すてきだね。
It's nice.

💡 What do you think of ～? は「あなたは～をどう思いますか。」という意味で、感想や意見をたずねるときに使います。It's nice.（すてきです。）、It's cool.（かっこいいです。）などのように答えます。

---

1 次の(1)と(2)の（　）に入れるのに最も適切なものを 1、2、3、4 の中から一つ選び、その番号のマーク欄をぬりつぶしましょう。(5点×2)

B は何をしたかを答えているね。

**(1)** **A :** (　　　) did you do yesterday?

　　**B :** I saw a magic show at the hall.
　　　　　　　　手品ショー　　　　　ホール

　　　**1** Why　　　　**2** What

　　　**3** When　　　**4** Where

(1) ① ② ③ ④

**(2)** **A :** What (　　　) of ice cream do you like?

　　**B :** I like strawberry ice cream.
　　　　　　　イチゴ

　　　**1** color　　　**2** size

　　　**3** fruit　　　**4** kind

(2) ① ② ③ ④

B は好きなアイスクリームの種類を答えているよ。color は「色」、size は「サイズ」、fruit は「果物」、kind は「種類」という意味だよ。a kind of ～（一種の～）という言い方も覚えておこう。

**2** 次の会話について、（　　）に入れるのに最も適切なものを
1、2、3、4 の中から一つ選び、その番号のマーク欄を
ぬりつぶしましょう。(10点)

*Boy :* I saw koalas in Australia. (　　　　)

*Girl :* Dogs. I have three dogs at home.

   **1**   Where did you see them?   **2**   What do you think?

   **3**   What animal do you like?   **4**   When do you go there?

                                                                ①②③④

**3** 次の日本文の意味を表すように①から⑤までを並べかえて▢の
中に入れましょう。そして、2番目と4番目にくるものの最も適切な
組合せを 1、2、3、4 の中から一つ選び、その番号のマーク欄を
ぬりつぶしましょう。(10点)

私のレモンケーキをどう思いますか。

( ① of　　② think　　③ do　　④ what　　⑤ you )

|   | 2番目 |   | 4番目 |   |
|---|---|---|---|---|
|   |   |   |   |   | my lemon cake?

   **1**  ③ － ②              **2**  ⑤ － ②

   **3**  ③ － ①              **4**  ⑤ － ③      ①②③④

**4** イラストを参考にしながら対話と応答を聞き、最も
適切な応答を 1、2、3 の中から一つ選びましょう。(5点×2)

♪ 40

*(1)*

*(2)*

(1)①②③                          (2)①②③

いいにおいがしてきたよ!!

♪ 41

★音声を聞き、声に出して読みながらなぞりましょう。
（20点）

とてもおいしい

delicious

有名な

famous

ひまな、無料の

free

特別な

special

人気のある

popular

病気の

sick

ちがった

different

おもしろい

interesting

ふつう、たいてい

usually

おそく、おそい

late

早く

early

ゆっくりと

slowly

**1** 次の（　）に入れるのに最も
適切なものを 1、2、3、4 の中から一つ選び、
その番号のマーク欄をぬりつぶしましょう。（10点）

*A :* Does your school have a school uniform?

*B :* No. We can wear (　　　) clothes every day.

   **1**  difficult      **2**  hungry

   **3**  different     **4**  ready       ① ② ③ ④

**2** 次の会話について、（　）に入れるのに最も適切なものを
1、2、3、4 の中から一つ選び、その番号のマーク欄を
ぬりつぶしましょう。（10点）

*Student :* I can't hear you. (　　　)

*Teacher :* OK, I'll say it again.

   **1**  Please listen carefully.

   **2**  Can you speak more slowly?

   **3**  Can I talk here?

   **4**  Shall we sing together?     ① ② ③ ④

**3** 英文と質問を聞き、その答えとして最も適切なものを
1、2、3、4 の中から一つ選びましょう。（5点×2）   ♪ 42

*(1)*  **1**  She got a history book last night.

     **2**  She didn't have a test yesterday.

     **3**  There was no school today.

     **4**  She did well on her test.    (1) ① ② ③ ④

*(2)*  **1**  Pancakes.      **2**  Yogurt.

     **3**  Salad.         **4**  Coffee.    (2) ① ② ③ ④

いいにおいが
してきたよ!!

# 21 卵を買ってきてくれる？
## Can you ～? / Can I ～? / May I ～?

月　日
点

★音声を聞き、声に出して読みながらなぞりましょう。（10点）

♪43

卵を買ってきてくれる？
**Can you get** some eggs?

いいよ。チョコレートも買っていい？
Sure. **Can I buy** chocolate, too?

💡 Can you ～? は「～してくれますか。」とお願いするときに使います。Can I ～? は「～してもいいですか。」、May I ～? は「～してもよろしいですか。」と許可を求めるときに使います。Sure.（いいですよ。）や OK.（わかりました。）、Sorry, ～.（ごめんなさい、～。）、No, ～.（いいえ、～。）などと答えます。

**1** 次の(1)と(2)の（　　）に入れるのに最も適切なものを 1、2、3、4 の中から一つ選び、その番号のマーク欄をぬりつぶしましょう。（5点×2）

> Shall I ～? は「～しましょうか。」という意味だよ。

**(1)** *A :* Excuse me, Mr. Fox.

（　　　）I ask you a question?
質問

*B :* Sure, please come in.
入る

　1　May　　　　2　Will
　3　Do　　　　4　Shall

(1) ① ② ③ ④

**(2)** *A :* （　　　）you tell me the way to the city hall?
～を教える　　道　　市役所

*B :* Just around the corner.
角を曲がったところです。

　1　Could　　　2　May
　3　Should　　　4　Do

(2) ① ② ③ ④

道をたずねている場面だよ。お願いするときは、Can you ～? のほか、Could you ～?（～してくださいますか。）という、よりていねいな言い方もあるよ。

**2** 次の(1)と(2)の会話について、（　　）に入れるのに最も適切なものを 1、2、3、4 の中から一つ選び、その番号のマーク欄をぬりつぶしましょう。（10点×2）

**(1)** **Son :** Can I use your computer, Dad?

**Dad :** Sorry, (　　　　)

　1　I bought it last month.
　2　here you are.
　3　go ahead.
　4　I'm using it now.

(1) ① ② ③ ④

**(2)** **Girl 1 :** Are you ready to go?

**Girl 2 :** Not yet. (　　　　).

**Girl 1 :** OK, take your time.

　1　Can I open the door?
　2　Can you wait for ten minutes?
　3　Where do you want to go?
　4　How long will it take?

(2) ① ② ③ ④

**3** 対話と質問を聞き、その答えとして最も適切なものを 1、2、3、4 の中から一つ選びましょう。（5点×2）

♪ 44

**(1)** 　1　Help with her homework.
　2　Wash the dishes.
　3　Clean the kitchen.
　4　Go shopping.

(1) ① ② ③ ④

**(2)** 　1　Drink some coffee.
　2　Make chocolate pie.
　3　Eat some cake.
　4　Bring some tea.

(2) ① ② ③ ④

あと
ちょっとで
ごほうびだ…!!!

★音声を聞き、声に出して読みながらなぞりましょう。(10点)

♪ 45

紅茶はいかがですか。

**Do you want some tea?**

オレンジジュースをください。

**I'd like** orange juice, please.

💡 Do you want 〜? は「〜はいかがですか。」という意味で、食べ物や飲み物をすすめるときにも使います。I'd like 〜. は「〜をください。」という意味で、注文するときなどに使います。

1　次の(1)と(2)の（　　）に入れるのに最も
適切なものを 1、2、3、4 の中から一つ選び、
その番号のマーク欄をぬりつぶしましょう。(5点×2)

Aはサンドイッチをすすめているね。

*(1)* A : Do you (　　　) another sandwich?

B : No, thank you.　I'm full.
もう1つの、別の

1　like 　　　2　make
3　want 　　　4　find

(1) ① ② ③ ④

*(2)* A : Do you want (　　　) to the park after school?

B : Sure.　Let's play catch.
キャッチボールをする

1　go 　　　2　to go
3　went 　　　4　going

(2) ① ② ③ ④

Do you want to 〜? は「〜しませんか。」という意味で相手をさそうときに使うよ。ていねいに言うときは、Would you like to 〜? を使うよ。

**2** 次の会話について、（　）に入れるのに 最も適切なものを
1、2、3、4 の中から一つ選び、その番号のマーク欄を
ぬりつぶしましょう。(10点)

> **Man :** Would you like to have a party for Ellen?
>
> **Woman :** (　　　) Let's talk more about it later.

    **1**  That's a good idea.    **2**  Sure, go ahead.

    **3**  Yes, please.    **4**  That's too bad.    ①②③④

**3** 次の日本文の意味を 表すように①から⑤までを並べかえて□の
中に入れましょう。そして、2番目と4番目にくるものの 最も適切な
組合せを 1、2、3、4 の中から一つ選び、その番号のマーク欄を
ぬりつぶしましょう。(10点)

デザートは何がよろしいですか。

( ① would　② for dessert　③ like　④ what　⑤ you )

| | 2番目 | | 4番目 | |
|---|---|---|---|---|
| | | | | |

?

    **1**  ⑤－①      **2**  ②－⑤

    **3**  ④－①      **4**  ①－③    ①②③④

**4** イラストを参考にしながら対話と応答を聞き、最も
適切な応答を 1、2、3 の中から一つ選びましょう。(5点×2)

 ♪ 46

*(1)*

(1)①②③

*(2)*

(2)①②③

あと
ちょっとで
ごほうびだ…!!!

23 どうやって行けばいい？
How can I get to 〜? / How about 〜? など

月　日
点

★音声を聞き、声に出して読みながらなぞりましょう。（10点）

駅にはどう行けばいいですか。
**How can I get to** the station?

この通りにありますよ。
**It's on this street.**

💡 How can[do] I get to 〜? は「〜にはどう行けばいいですか。」という意味で、道をたずねるときに使います。また、How about 〜? は「〜はどうですか。」、How do you like 〜? は「〜はいかがですか。」「〜は気に入りましたか。」という意味です。

1　次の(1)と(2)の（　　）に入れるのに最も適切なものを 1、2、3、4 の中から一つ選び、その番号のマーク欄をぬりつぶしましょう。（5点×2）

A は旅行の感想をたずねているね。

*(1)*　*A :* How did you (　　　　) your trip to France?

　　　*B :* It was wonderful!
　　　　すばらしい

　　　**1** feel　　　　**2** like

　　　**3** want　　　　**4** have

(1) ① ② ③ ④

*(2)*　*A :* (　　　　) do you feel today?

　　　*B :* I feel great.

　　　**1** What　　　　**2** Why

　　　**3** How　　　　**4** Whose

(2) ① ② ③ ④

I feel great.（とても気分がいいです。）と気分を答えていることから、「どんな気分ですか。」とたずねる文にすればいいね。「どんな具合で」と気分や調子をたずねるときに使う語はどれかな？

**2** 次の会話について、（　　）に入れるのに最も適切なものを
1、2、3、4 の中から一つ選び、その番号のマーク欄を
ぬりつぶしましょう。(10点)

*Boy 1 :* What do you want to do today?

*Boy 2 :* (　　　) I love anime.

*Boy 1 :* Sounds good.

1　How are you?
2　What are you looking for?
3　Where are you going?
4　How about watching a movie?

①②③④

**3** 次の日本文の意味を表すように①から⑤までを並べかえて□の
中に入れましょう。そして、2番目と4番目にくるものの最も適切な
組合せを 1、2、3、4 の中から一つ選び、その番号のマーク欄を
ぬりつぶしましょう。(10点)

郵便局へはどうやって行けばよいですか。

( ① I　　② to　　③ how　　④ get　　⑤ do )

2番目　　　　　　4番目

|  | | | | |
|---|---|---|---|---|

the post office?

1　⑤ － ④
2　③ － ②
3　② － ①
4　① － ②

①②③④

**4** 対話と質問を聞き、その答えとして最も適切なものを
1、2、3、4 の中から一つ選びましょう。(5点×2)

♪ 48

*(1)* 1　$30.　　2　$13.
3　$40.　　4　$14.

(1) ①②③④

*(2)* 1　By bike.　　2　On foot.
3　By car.　　4　By train.

(2) ①②③④

あと
ちょっとで
ごほうびだ…!!!

# リサをお願いできますか？

May I help you? など

月　日
点

★音声を聞き、声に出して読みながらなぞりましょう。（10点）

♪49

リサをお願いできますか。

May I speak to Lisa, please?

すみませんが、彼女は今、外出中です。

Sorry, she is out now.

💡 May I speak to ～(, please)? は「～さんをお願いできますか。」という意味で、電話で使う言い方です。また、May I help you? は店員さんが使う言い方で、「お手伝いしましょうか。」「何かお探しですか。」という意味です。

1 次の(1)と(2)の（　　）に入れるのに最も適切なものを 1、2、3、4 の中から一つ選び、その番号のマーク欄をぬりつぶしましょう。（5点×2）

speak がないので、似た意味の単語を探そう。

*(1)* **A :** This is Karen.  Can I (　　) to Yuta?

**B :** Just a minute.
少しお待ちください。

**1** talk　　　　**2** say

**3** call　　　　**4** write

(1) ① ② ③ ④

*(2)* **A :** May I help you?

**B :** Yes.  I'm (　　) for running shoes.
ランニングシューズ

**1** speaking　　**2** watching

**3** buying　　　**4** looking

(2) ① ② ③ ④

買い物でのやり取りだよ。A が店員さんで、B がお客さんだね。speak は「話す」、watch は「見る」、buy は「買う」、look は look for ～で「～を探す」という意味だよ。

**2** 次の(1)と(2)の会話について、（　　）に入れるのに最も適切なものを 1、2、3、4 の中から一つ選び、その番号のマーク欄をぬりつぶしましょう。（10点×2）

*(1)*　　　　*Man :*  Excuse me.  This shirt is a little small for me.

　*Salesclerk :*  I see.  (　　　)  It's large.

　　　　*Man :*  That's fine.  I'll take it.

**1**  We don't have a red one.
**2**  Do you need a smaller one?
**3**  How about this one?
**4**  Do you like it?

(1) ① ② ③ ④

*(2)*　　　　*Boy :*  Hello.  Is Paul there?

　*Woman :*  He's at his friend's house.  (　　　)

　　　　*Boy :*  This is Dan.

**1**  Speaking.
**2**  Where are you?
**3**  Who is calling, please?
**4**  Just a moment.

(2) ① ② ③ ④

**3** イラストを参考にしながら対話と応答を聞き、最も適切な応答を 1、2、3 の中から一つ選びましょう。（5点×2）

　♪ 50

*(1)*

(1) ① ② ③

*(2)*

(2) ① ② ③

あと
ちょっとで
ごほうびだ…!!!

★音声を聞き、声に出して読みながらなぞりましょう。(20点)　♪51

私は歴史に興味があります。
I'm interested in history.

あきらめないで。
Don't give up.

だれがイヌの世話をしていますか。
Who takes care of the dog?

あなたは楽しい時を過ごしましたか。
Did you have a good time?

私はかぜをひいています。
I have a cold.

私は動物園の前で待っています。
I'll wait in front of the zoo.

ご両親によろしく伝えてね。
Say hello to your parents.

次の（　　）に入れるのに最も適切なものを
1、2、3、4 の中から一つ選び、その番号のマーク欄を
ぬりつぶしましょう。(10点)

**A :** How was your weekend?

**B :** I went to Nara with my family. We (　　　) a good time there.

   **1** took           **2** gave

   **3** made        **4** had        ①②③④

---

**2** 次の日本文の意味を表すように①から⑤までを並べかえて□□の
中に入れましょう。そして、2番目と4番目にくるものの最も適切な
組合せを 1、2、3、4 の中から一つ選び、その番号のマーク欄を
ぬりつぶしましょう。(10点)

私は今日、弟の世話をしなければなりません。

( ① my brother   ② care   ③ have to   ④ of   ⑤ take )

I [　　　　] [　2番目　] [　　　　] [　4番目　] [　　　　] today.

   **1** ② − ①          **2** ⑤ − ④

   **3** ① − ③          **4** ④ − ①     ①②③④

---

**3** 英文と質問を聞き、その答えとして最も適切なものを
1、2、3、4 の中から一つ選びましょう。(5点×2)

♪ 52

*(1)*  **1** She didn't have a swimming lesson.

    **2** She had a cold.

    **3** She went to the hospital.

    **4** It was very cold outside.   (1)①②③④

*(2)*  **1** Cook Japanese food in Japan.

    **2** Visit a Japanese restaurant in Japan.

    **3** Open a restaurant in America.

    **4** Learn about Japanese food in America.   (2)①②③④

あと
ちょっとで
ごほうびだ…!!!

1 次の掲示の内容に関して、(1)と(2)の質問に対する答えとして最も適切なもの、または文を完成させるのに最も適切なものを 1、2、3、4 の中から一つ選び、その番号のマーク欄をぬりつぶしましょう。(10点×2)

## Let's Enjoy Bird-Watching!
バードウォッチング

West Valley High School has a special event for the students.  Come and
特別な

join us if you're interested in birds.  You can see different kinds of birds in
～に参加する　　　　　　　　　　　　　　　　　　　　　　　いろいろな種類の～
North Park.

**Date:** Sunday, April 30
日付
**Time:** 8:30 a.m. to 3:00 p.m.

**Meeting Place:** Silver Station
集合場所

タイトルから何についてのお知らせかがわかるね。

Our science teacher, Mr. Simon, will come and teach us about animals.  To
join, send an e-mail to Brenda Miller by April 21.
～までに

*(1)* Where will the students meet?

日付、時間、場所の情報に注目しよう!

1  In West Valley High School.
2  In North Park.
3  At Silver Station.
4  In the science room.

(1) ① ② ③ ④

*(2)* Mr. Simon will

1  talk with the students about the nature.
2  teach the students about animals.
3  come to West Valley High School.
4  send an e-mail to Brenda Miller.

(2) ① ② ③ ④

## Sale at Suntown Stationery* Store

We will have a three-day sale* from December 15.

We are selling pens, erasers, and notebooks for 30% off.

When you buy two notebooks, you'll get a postcard* for free*!

You can also enjoy drinks and cakes at the cafe.

Don't miss* this sale!  We are open from 9 a.m. to 6 p.m.,

but the last day is from 10 a.m. to 5:30 p.m.

*stationery：文房具　*a three-day sale：3日間のセール　*postcard：絵はがき
*for free：無料で　*miss：〜を見のがす

*(1)* People will get a free postcard when they

    **1**　come to the store at 10 a.m.

    **2**　buy a calendar and a pencil case.

    **3**　order one drink.

    **4**　buy two notebooks.

(1) ① ② ③ ④

*(2)* What time does the shop close on December 17?

    **1**　At 9 a.m.

    **2**　At 10 a.m.

    **3**　At 5:30 p.m.

    **4**　At 6 p.m.

(2) ① ② ③ ④

いっぱい
たべて
げんきをつけよう！

**1** 次のEメールの内容に関して、(1)と(2)の質問に対する答えとして最も適切なもの、または文を完成させるのに最も適切なものを 1、2、3、4 の中から一つ選び、その番号のマーク欄をぬりつぶしましょう。(10点×2)

From: Sandy Douglas
送信者
To: David Peterson
送信先
Date: November 3

Subject: This Saturday
件名

Subject から、何についてのメールなのかがわかるね。

-----

Hi David,

Do you have plans this Saturday?  My brother Billy and I are planning to go to the mountains.  Can you come with us?  The
計画、予定
〜するつもり
view from the top of the mountain will be wonderful.  We're going
ながめ　　　　　　　頂上
to have lunch there.  My mom will make us sandwiches for lunch.

So you don't need a lunch, but bring a drink.  It will be fun.
〜を必要とする　　　　〜を持ってくる　飲み物　　　　　　楽しいこと
Your friend,

Sandy

*(1)* What will Sandy and Billy do on Saturday?

1 Eat lunch in the park.
2 Meet their friends.
3 Make sandwiches.
4 Climb a mountain.
登る

*(2)* David has to

1 bring his umbrella.
2 prepare a drink.
3 buy his lunch.
4 make plans for this
計画を立てる
Saturday.

(1) ① ② ③ ④

(2) ① ② ③ ④

Sandy は David に何をするように言っているかな?

**2** 次のEメールの内容に関して、(1)と(2)の質問に対する答えとして最も適切なもの、または文を完成させるのに最も適切なものを 1、2、3、4 の中から一つ選び、その番号のマーク欄をぬりつぶしましょう。(15点×2)

---

From: David Peterson
To: Sandy Douglas
Date: November 4
Subject: Sounds good

---

Hi Sandy,
Thank you for inviting* me. It sounds like* a great plan! Yes, Saturday is fine*. I have a dance lesson on Sunday, but I'm free on Saturday. I'll bring my camera. Can we see autumn leaves*? I want to take pictures of them. What time should I go to your house on that day? Please tell me the time and say hello to your mother.
See you soon,
David

*invite：~をさそう　*sound like ~：~のように聞こえる　*fine：都合がよい　*autumn leaves：紅葉

---

*(1)* What will David bring to the mountains?

　1　His lunch.
　2　Some photos.
　3　His camera.
　4　His cap.

(1) ① ② ③ ④

*(2)* David wants to

　1　take pictures of the autumn leaves.
　2　go to a dance lesson.
　3　buy a new camera.
　4　say thank you to Sandy's mother.

(2) ① ② ③ ④

いっぱい
たべて
げんきをつけよう!

1 次の英文の内容に関して、(1)と(2)の質問に対する答えとして 最も適切な ものを 1、2、3、4 の中から一つ選び、その番号のマーク欄をぬりつぶし ましょう。(10点×2)

## Mei's New Family Member

Mei is a junior high school student. She lives in Sendai with her parents. They are teachers. She likes animals, so she wants to be a vet in the future.

獣医

On Mei's birthday, her father brought home a new family member, Taro. He was a cute brown puppy. He came up to Mei, and he touched her foot. She liked him right away. Now Taro is a member of her family.

〜を連れてきた
かわいい　　子犬　　　〜に近づいた　　　　〜にさわった
足　　　　　　　すぐに　　　〜の一員

*(1)* What is Mei's dream?

1　To be a teacher.
2　To be a vet.
3　To live in Sendai.
4　To have a pet.

メイは将来、何に なりたいのかな？

(1) ① ② ③ ④

*(2)* Who is Taro?

1　Mei's father.
2　Mei's brother.
3　Mei's pet.
4　Mei's new classmate.

タロウがメイの 新しい家族な んだよ。

(2) ① ② ③ ④

**2** 次の英文の内容に関して、(1)と(2)の質問に対する答えとして最も適切なもの、または文を完成させるのに最も適切なものを 1、2、3、4 の中から一つ選び、その番号のマーク欄をぬりつぶしましょう。（15点×2）

Mei enjoys taking care of Taro. He needs to eat twice* a day. She gives him food once* in the morning and once in the evening. She always gives him water, too. She takes him for a walk* after school every day. Taro likes to go to the park because he can run freely*. Taro is good at singing, too. When Mei plays the piano, he sings along*.

Taro has a house in the garden, but he sleeps with Mei in her bed at night. Mei feels happy with him.

*twice：2回　*once：1回　*walk：散歩　*freely：自由に　*sing along：いっしょに歌う

*(1)* Mei gives Taro food

   **1**  only once.
   **2**  after school every day.
   **3**  in the afternoon and at night.
   **4**  in the morning and in the evening.   (1) ① ② ③ ④

*(2)* Where does Taro sleep at night?

   **1**  In the park.
   **2**  In his house.
   **3**  In Mei's bed.
   **4**  In the garden.   (2) ① ② ③ ④

いっぱい
たべて
げんきをつけよう！

1 次の英文の内容に関して、(1)と(2)の質問に対する答えとして最も適切な
つぎ えいぶん ないよう かん しつもん たい こた もっと てきせつ
もの、または文を完成させるのに最も適切なものを 1、2、3、4 の中から
ぶん かんせい もっと てきせつ なか
一つ選び、その番号のマーク欄をぬりつぶしましょう。（10点×2）
ひと えら ばんごう らん てん

## Patrick's First Sports Festival
運動会
うんどうかい

Patrick Williams is a student from the United States. He came to
アメリカ
Japan to learn Japanese this year. He is staying with Erika's family. He
〜のところに滞在する
たいざい
and Erika walk to school together every day.
〜に歩いていく　　　　　　いっしょに
あ

Next week is the school sports festival. At his school in the United
States, there were no sports festivals, so this is his first time. Erika is
初めての機会
はじ　　　きかい
teaching him many things about the sports festival. Everything is new to
him, so he is really excited.
わくわくした

---

*(1)* What do Patrick and Erika do every day?

1 They learn Japanese.
2 They enjoy sports.
3 They visit their friend's house.
4 They go to school on foot.

パトリックとエリカが
毎日していることは
まいにち
何かな？
なに

(1) ① ② ③ ④

*(2)* Next week, Patrick will

1 play sports with Erika's family.
2 join a sports festival for the first time.
3 go to a festival with his family.
4 go back to the United States.

「来週」には何が
らいしゅう　　　なに
あるかな？

(2) ① ② ③ ④

Patrick and Erika are in the same class. Their class are going to dance the Yosakoi. Patrick is looking forward to* dancing it because he is interested in traditional* Japanese culture*. He and his classmates practice almost every day, so he is slowly* learning. They work very hard so he wants to do his best*, too.

Patrick can run fast and jump high, but he can't remember the school song* because it's Japanese. His classmates are trying to help him, but it's very difficult. At home, Erika teaches him the song after dinner. He hopes he can learn it before the festival.

*look forward to ～：～を楽しみにする  *traditional：伝統的な  *culture：文化  *slowly：ゆっくり
*do his best：ベストをつくす  *school song：校歌

*(1)* Why is Patrick looking forward to dancing?

1 He is good at dancing.
2 He is interested in Japanese history.
3 He is learning Japanese.
4 He likes traditional Japanese culture.　(1)①②③④

*(2)* What is difficult for Patrick?

1 Singing the school song.
2 Running fast.
3 Jumping high.
4 Dancing the Yosakoi.　(2)①②③④

いっぱい
たべて
げんきをつけよう！

月　日

点

♪ 53

★音声を聞き、声に出して読みながらなぞりましょう。（20点）

それはいい考えですね。
That's a good idea.

問題ありません。
No problem.

もちろんです。
Of course.

がんばってね。　/ 幸運をいのります。
Good luck.

もちろんです。
Of course.

はい、どうぞ。
Here you are.

どうしたの？
What's up?

またあとでね。
See you later.

**1** 次の(1)と(2)の会話について、（　）に入れるのに
最も適切なものを <u>1、2、3、4</u> の中から一つ選び、
その番号のマーク欄をぬりつぶしましょう。（10点×2）

*(1)* **Girl :** I made a mistake. Can I use your eraser, Harry?

　　**Boy :** OK. (　　　)

　**1** No, thank you.
　**2** Just a little.
　**3** Sounds good.
　**4** Here you are.

(1) ① ② ③ ④

*(2)* **Boy :** I have to get my wallet. Can you wait here?

　　**Girl :** Sure, (　　　)

　　**Boy :** I'll be back soon.

　**1** I have no idea.
　**2** no problem.
　**3** that's too bad.
　**4** just a moment.

(2) ① ② ③ ④

**2** イラストを参考にしながら対話と応答を聞き、最も
適切な応答を <u>1、2、3</u> の中から一つ選びましょう。（5点×2）

♪ 54

*(1)*

(1) ① ② ③

*(2)*

(2) ① ② ③

いっぱい
たべて
げんきをつけよう！

# まとめテスト ❶

月　日

点

**1** 次の(1)から(5)までの（　　）に入れるのに最も適切なものを 1、2、3、4 の中から一つ選び、その番号のマーク欄をぬりつぶしなさい。（10点×5）

*(1)* **A :** I don't know this word.  Can I use your (　　　　)?

　　 **B :** Sure, go ahead.

　　　　**1** table　　　　**2** notebook
　　　　**3** eraser　　　　**4** dictionary

(1) ① ② ③ ④

*(2)* **A :** Haruka looks (　　　　).

　　 **B :** She lost her favorite pen yesterday.

　　　　**1** short　　　　**2** popular
　　　　**3** sad　　　　**4** rich

(2) ① ② ③ ④

*(3)* **A :** (　　　　) there a tall tree here?

　　 **B :** Yes, but my father cut it down last month.

　　　　**1** Was　　　　**2** Were
　　　　**3** Is　　　　**4** Are

(3) ① ② ③ ④

*(4)* **A :** Did you finish (　　　) your picture?

　　 **B :** No, not yet.

　　　　**1** draw　　　　**2** drawing
　　　　**3** to draw　　　　**4** drew

(4) ① ② ③ ④

*(5)* **A :** I heard Kenji hurt his right arm.

　　 **B :** Yes, so he (　　　　) come to tomorrow's tennis practice.

　　　　**1** isn't　　　　**2** don't
　　　　**3** won't　　　　**4** didn't

(5) ① ② ③ ④

**2** 次の(1)と(2)の会話について、（　　）に入れるのに
最も適切なものを 1、2、3、4 の中から一つ選び、
その番号のマーク欄をぬりつぶしなさい。(10点×2)

*(1)* **Father :** Brad, can you help me in the garden?

**Son :** OK, Dad. (　　　)

**1** I saw flowers.　　**2** I'm coming.
**3** It's your turn.　　**4** We planted a tree.　　(1) ① ② ③ ④

*(2)* **Girl :** Excuse me. I'd like to go to this museum. (　　　)

**Man :** The Central Line. It stops in front of the museum.

**1** How many pictures?　　**2** How much is the ticket?
**3** Which train should I take?
**4** Where is the station?　　(2) ① ② ③ ④

**3** 次の(1)と(2)の日本文の意味を表すように①から⑤までを並べかえて
□の中に入れなさい。そして、2番目と4番目にくるものの最も
適切な組合せを 1、2、3、4 の中から一つ選び、その番号のマーク欄を
ぬりつぶしなさい。(15点×2)

*(1)* サヤカはあなたよりもじょうずに歌いますか。

( ① than　② better　③ Sayaka　④ you　⑤ sing )

Does [　　] [2番目　] [　　] [4番目　] [　　] ?

**1** ⑤－①　　　　　**2** ③－②
**3** ④－⑤　　　　　**4** ①－③　　(1) ① ② ③ ④

*(2)* 私が起きたとき，雪が降っていました。

( ① woke up　② snowing　③ was　④ I　⑤ when )

It [　　] [2番目　] [　　] [4番目　] [　　] .

**1** ①－④　　　　　**2** ②－④
**3** ③－①　　　　　**4** ④－⑤　　(2) ① ② ③ ④

# まとめテスト❷

**1** 次の掲示の内容に関して、(1)と(2)の質問に対する答えとして最も適切なもの、または文を完成させるのに最も適切なものを 1、2、3、4 の中から一つ選び、その番号のマーク欄をぬりつぶしなさい。(25点×2)

---

## Autumn Festival

Laketown will have a special event. Enjoy beautiful art and good food.

There will be a painting contest in the entrance hall. The winner will get

$100. You can get pizza and sandwiches in the meeting room.

**When:** October 1 to 5, 10 a.m. to 5 p.m.

**Where:** Laketown Museum

**Ticket Price:** $5

For more information, visit our website.

---

*(1)* Where is the painting contest?

   **1** Next to the Laketown Museum.
   **2** In the entrance hall.
   **3** In the meeting room.
   **4** At the pizza shop.

(1) ① ② ③ ④

*(2)* The winner of the contest will

   **1** eat delicious sandwiches.
   **2** pay $5.
   **3** see beautiful art.
   **4** receive $100.

(2) ① ② ③ ④

次の英文の内容に関して、(1)と(2)の質問に対する答えとして最も適切なものを 1、2、3、4 の中から一つ選び、その番号のマーク欄をぬりつぶしなさい。(25点×2)

## Wheelchair* Sports

Jim is eighteen years old and lives in Australia. He was in a very bad car accident* three years ago, so he was in hospital for six months. Now, he uses a wheelchair. Most stores, restaurants, and movie theaters have ramps* or elevators for wheelchairs, so he can go to many places in his wheelchair.

Jim was sorry that he couldn't play sports because he loved them. One day, he watched a wheelchair basketball game on TV. It was exciting. He wanted to play, too. He found a wheelchair basketball team in the next city and joined it. He was very happy to enjoy sports. He wants to try other wheelchair sports like wheelchair tennis. He hopes wheelchair sports become more and more popular.

*wheelchair：車いす　　*car accident：自動車事故　　*ramp：スロープ

*(1)* When was Jim's car accident?

    1  Eighteen years ago.
    2  Six months ago.
    3  Three years ago.
    4  Last year.

(1) ① ② ③ ④

*(2)* What does Jim want to do next?

    1  Play another wheelchair sport.
    2  Look for a wheelchair basketball team.
    3  Join the baseball team.
    4  Watch a basketball game.

(2) ① ② ③ ④

# まとめテスト ❸

月　日
点

**1** イラストを参考にしながら対話と応答を聞き、最も
適切な応答を <u>1、2、3</u> の中から一つ選びなさい。(5点×6)

♪ 55

**(1)**

(1) ① ② ③

**(2)**

(2) ① ② ③

**(3)**

(3) ① ② ③

**(4)**

(4) ① ② ③

**(5)**

(5) ① ② ③

**(6)**

(6) ① ② ③

**2** 対話と質問を聞き、その答えとして最も適切な
ものを 1、2、3、4 の中から一つ選びなさい。(10点×4)

*(1)*
1 At the library.
2 At the airport.
3 At the hotel.
4 At the shopping mall.

(1) ① ② ③ ④

*(2)*
1 She didn't have enough money.
2 She forgot the cake at the cake shop.
3 She didn't buy a present.
4 She forgot to write a card.

(2) ① ② ③ ④

*(3)*
1 Their pictures.
2 Their favorite places.
3 Their family.
4 Their hobbies.

(3) ① ② ③ ④

*(4)*
1 Go to the mountains.
2 Do her homework.
3 Finish writing a letter.
4 Go hiking with Ken.

(4) ① ② ③ ④

**3** 英文と質問を聞き、その答えとして最も適切な
ものを 1、2、3、4 の中から一つ選びなさい。(15点×2)

*(1)*
1 Three.          2 Five.
3 Eight.          4 Ten.

(1) ① ② ③ ④

*(2)*
1 She has to leave Florida.
2 She didn't get a present.
3 Her friend can't come to the party.
4 Her friend is going to move.

(2) ① ② ③ ④

# 答えのページ

## おさらいテスト 1

**1** (1)③ (2)④ (3)②
(4)④
**2** (1)② (2)③ (3)①
**3** (1)① (2)②

**1** (1) A：お父さんはどこにいるの、お母さん。 B：台所よ。昼食を料理しているよ。
**1** 書いている **2** 見ている **3** 料理している **4** （スポーツなどを）している
**解説** lunch（昼食）とつながるのは、cook（料理する）。

(2) A：宿題を手伝ってくれる？ B：もちろん。
**解説** 〈help 人 with 〜〉で「（人）の〜を手伝う」。

(3) A：あなたのカップは何色？ B：私のカップは黄色だよ。 **1** サイズ **2** 色
**3** 食べ物 **4** 音楽
**解説** What colorで「何色」という意味。

(4) A：アンダーソンさんは日本語をじょうずに話しますか。 B：はい、彼女はとてもじょうずに話します。
**解説** 主語が1人の女性で、動詞のspeakがあるので、疑問文はDoesで始める。

**2** (1) 少年：放課後、買い物に行こうよ。
少女：いい考えだね。私はノートがほしいな。 **1** また明日ね。 **2** いい考えだね。
**3** いいえ、結構です。 **4** どういたしまして。
**解説** 「〜しましょう」とさそっている場面。提案に賛成している2が適切。

(2) 少女：あなたの算数のテストはいつ？
少年：次の金曜日だよ。 少女：がんばっ

てね。 **1** 算数は好きではないんだ。
**2** その通り。 **3** 次の金曜日だよ。
**4** 教室でだよ。
**解説** When 〜?（いつ）には、「時」を答える。

(3) 先生：こんにちは、ケンジ。元気ですか。
生徒：元気です、ありがとうございます。
**1** 元気ですか。 **2** 何をしているのですか。 **3** どうやって学校へ来ますか。
**4** どこへ行くところですか。
**解説** I'm fine（元気です）と答えているので、体調・調子をたずねる1が適切。

リスニング

**3** (1) Don't talk here, please.
**1** I'm sorry. **2** Here you are.
**3** I have a phone.
ここではおしゃべりしないでください。
**1** ごめんなさい。 **2** はい、どうぞ。
**3** 私は電話を持っているよ。
**解説** 注意されている場面。謝っている1が適切。

(2) Do you want some tea?
**1** Yes, let's. **2** Yes, please.
**3** No problem.
紅茶はいかが？ **1** はい、そうしましょう。
**2** はい、お願いします。 **3** 問題ありません。
**解説** Do you want 〜?（〜はいかがですか。）は食べ物や飲み物をすすめるときの表現。

## おさらいテスト 2

**1** (1)③ (2)① (3)④ (4)①
**2** (1)① (2)①
**3** (1)② (2)④ (3)③

**1** (1) A：あなたのお兄さん［弟さん］はスポーツが得意ですか。　B：うん、彼はとても速く走れるよ。　**1** 行く　**2** 歌う　**3** 走る　**4** 読む

解説 スポーツが得意だと答えていることから、run（走る）が適切。

(2) A：すみません。このコートは私には少し小さいです。　B：大きいものがあります。少しお待ちください。　**1** 小さい　**2** 寒い、冷たい　**3** 背が高い　**4** 幸せな

解説 「大きいコートがある」と答えているので、反対の意味のsmall（小さい）が適切。

(3) A：あれはだれのギター？　きみのもの？　B：ううん、私の父のものだよ。　**1** いつ　**2** どこで　**3** 何の　**4** だれの

解説 持ち主をたずねる文にするのが適切。

(4) A：姉妹か兄弟はいる、ビル？　B：うん、姉［妹］がいるよ。彼女の名前はソフィアだよ。　**1** 彼女の　**2** それの　**3** 彼の　**4** 彼らの

解説 「彼女の」という意味のHerが適切。

**2** (1) How long is the soccer game?

解説 時間の長さをたずねるときは、How long 〜?を使う。

(2) Our team has some famous players.

解説 some famous playersという語順に注意する。

(リスニング)

**3** (1) A: I have fifteen books.　How about you, Mike?　B: I have twenty books.　Question: How many books does Mike have?

A：私は本を15冊持っています。あなたはどう、マイク？　B：私は本を20冊持っているよ。　質問：マイクは本を何冊持っていますか。　**1** 15冊。　**2** 20冊。　**3** 50冊。　**4** 25冊。

解説 マイクはI have twenty books.（私は本を20冊持っています。）と答えている。

(2) A: Does your mother often go swimming, Sam?　B: Yes, she does, Helen.　She can swim very well.　Question: Who is a good swimmer?

A：あなたのお母さんはよく泳ぎに行くの、サム？　B：うん、行くよ、ヘレン。彼女はとてもじょうずに泳げるよ。　質問：じょうずに泳げるのはだれですか。　**1** ヘレン。　**2** ヘレンの母親。　**3** サム。　**4** サムの母親。

解説 サムはShe can swim very well.（彼女はとてもじょうずに泳げるよ。）と答えている。話の流れから、Sheはサムの母親のこと。

(3) A: Hi, Yuka.　Are you watching a movie?　B: No, I'm playing video games.　Question: What is Yuka doing now?

A：やあ、ユカ。映画を見ているの？　B：いいえ、テレビゲームをしているよ。　質問：ユカは今、何をしていますか。　**1** 映画を見ている。　**2** 写真をとっている。　**3** テレビゲームをしている。　**4** サッカーをしている。

解説 ユカはNoと答え、playing video games（テレビゲームをしている）と続けている。

# 01 パーティーを楽しんだよ

| | | |
|---|---|---|
| **1** (1)① | | (2)④ |
| **2** ② | | **3** ④ |
| **4** (1)① | | (2)③ |

**1** (1) 私の祖母が今日の正午に訪ねてきました。母と私は彼女のために昼食を作りました。　**1** 作った　**2** 言った　**3** 見た

4 来た　(2) A：私はこの前の日曜日に水泳を楽しんだよ。あなたは何をしたの？　B：私は家族と博物館へ行ったよ。

2 少年：新しいボールを持っているね。それはプレゼント？　少女：いいえ。私は昨日、それを買ったんだ。　1 私はサッカーがとても好きなんだ。　2 私は昨日、それを買ったんだ。　3 父がそれを私にくれたんだよ。　4 ありがとう。

解説 「プレゼント？」と聞かれて、No.と答えていることから、「買った」と続けるのが自然。

3 Sara watched soccer on TV last night.

解説 watch 〜 on TVで「テレビで〜を見る」という意味。

リスニング

4 (1) A: Are you busy now, Kate?　B: No, Dad.  What is it?　A: I'm looking for my cap.　1 I saw it on the kitchen table.　2 I'm going out.　3 It's new.

A：今、いそがしいかい、ケイト？　B：いいえ、お父さん。何？　A：ぼうしを探しているんだ。　1 私は台所のテーブルの上にあるのを見たよ。　2 私は出かけるところだよ。　3 それは新しいよ。

解説 父親はぼうしを探していると言っているので、「場所」を答えている1が適切。

(2) A: Do you need help, Paul?　B: Yes. I need a ruler.　A: Where is yours?　1 My eraser is here.　2 I have many rulers.　3 I lost it yesterday.

A：助けが必要、ポール？　B：うん。定規が必要なんだ。　A：あなたのものはどこにあるの？　1 私の消しゴムはここにあるよ。　2 私は定規をたくさん持っているよ。　3 私は昨日それをなくしたんだ。

解説 定規が必要な理由としては、なくした

と言っている3が適切。

## 02 宿題はした？

| | | |
|---|---|---|
| 1 (1) ② | | (2) ③ |
| 2 ② | | 3 ① |
| 4 (1) ③ | | (2) ② |

1 (1) A：私は今朝、朝食を食べなかったよ。　B：本当？　カフェテリアで食べ物を買うことができるよ。　(2) A：メアリーがこれらの花を持ってきたの？　B：うん、そうだよ。彼女は花を育てるのが好きなんだよ。

2 母親：具合が悪そうね、ジャック。どうしたの？　息子：昨日はおそくまで勉強したんだ。それで、よくねむれなかったんだよ。　1 うで時計を持っていなかったんだ。　2 よくねむれなかったんだ。　3 算数が大好きなんだ。　4 テレビを見なかったよ。

解説 「おそくまで勉強した」ということから、よくねむれなかったと続けるのが自然。

3 What did you do last Sunday?

解説 what（何）を文の最初に置き、did you 〜?の疑問文の形を続ける。

リスニング

4 (1) A: Do you like our town, Mr. Brown?　B: Yes. The people are kind to me.　A: When did you come to Japan?　1 I visited Okinawa.　2 Japan is a nice country.　3 Three years ago.

A：私たちの町は気に入りましたか、ブラウン先生。　B：はい。人々は私に親切です。　A：あなたはいつ日本へ来ましたか。　1 私は沖縄を訪れました。　2 日本はいい国です。　3 3年前です。

解説 When 〜?（いつ）には時を答える。

(2) *A*: Thank you for the ticket, Meg.
*B*: No problem, Ken.  *A*: How did you get
it?  **1**  On Friday night.  **2**  My brother
gave it to me.  **3**  At the station.

A：チケットをありがとう、メグ。　B：気に
しないで、ケン。　A：どうやって手に入れ
たの？　**1**　金曜日の夜だよ。　**2**　兄[弟]
が私にそれをくれたよ。　**3**　駅でだよ。

解説 How ～？（どうやって）には方法や手段
を答える。

## 03 旅行はどうだった？

| | | | |
|---|---|---|---|
| **1** (1)④ | | (2)② | |
| **2** ② | | **3** ④ | |
| **4** (1)① | | (2)③ | |

**1** (1) A：マイクのことを知っている？
B：うん。マイクと私は去年、同じクラスだっ
たよ。　(2) A：その映画はおもしろかっ
た？　B：長かったけど、たいくつではなかっ
たよ。

**2** 少女：こんにちは、ジャック。昨日は学
校であなたを見なかったね。　少年：病気
でねていたよ、だけど今はよくなったよ。
**1**　歩いて学校へ行ったよ、　**2**　病気でね
ていたよ、　**3**　宿題がたくさんあるんだ、
**4**　それを知らなかったんだ、

解説 but（しかし）のあとに、「今はよくなっ
た」と続くので、反対の内容を表している**2**が
適切。was sick in bedで「病気でねてい
た」。

**3** Today's test was not easy for me.

解説 「～ではありませんでした」なので、
wasのあとにnotを続ける。

(リスニング)

**4** (1) I went to Spain this summer. I
stayed there for seven days. I visited
five cities.  It was a wonderful
experience. Question: How long was
the girl in Spain?

私は今年の夏にスペインへ行きました。そこ
に7日間滞在しました。私は5つの都市を訪
問しました。それはすばらしい経験でした。
質問：少女はスペインにどのくらいいました
か。　**1**　1週間。　**2**　7週間。　**3**　1か
月。　**4**　5日間。

解説 スペインに「7日間（＝1週間）滞在し
た」と言っている。

(2) Mark was tired because he had a
lot of things to do yesterday.  He
cleaned the house in the morning.  In
the afternoon, he went to the post
office and the supermarket. Question:
Why was Mark tired yesterday?

マークは昨日することがたくさんあったので、
つかれていました。彼は午前中に家をそうじ
しました。午後は、郵便局とスーパーへ行き
ました。　質問：マークは昨日、なぜつかれ
ていましたか。　**1**　彼はキャンプに行きまし
た。　**2**　彼は映画を見ました。　**3**　彼は
することがたくさんありました。　**4**　彼は公
園をそうじしました。

解説 because（～なので）のあとで、「するこ
とがたくさんあった」と理由を言っている。

## 04 何をしていたの？

| | | | |
|---|---|---|---|
| **1** (1)② | | (2)③ | |
| **2** ③ | | **3** ① | |
| **4** (1)② | | (2)④ | |

**1** (1) A：昨夜、電話したけど、電話に出な
かったね。　B：ごめんね、ジョシュ。その

ときはシャワーを浴びていたんだ。

(2) 私が昨日の5時に家を出たとき、両親は
ねむっていました。

2 父親：ドアを何回もノックしたよ。何をしていたんだい？　娘：ええと、音楽を聞いていたよ。　1　どちらがきみの部屋？　2　きみはなぜそこにいたの？　3　きみは何をしていたの？　4　きみのCDはどこ？

解説 していたことを答えているので、「何をしていたか」とたずねる文が適切。

3 Who was carrying a box over there?

解説 who（だれ）のあとにwas carryingを続ける。「向こうで」はover there。

(リスニング)

4 (1) A: Hello, Dad.  B: Hi, Kate. What's up?  A: I was studying at the library and it started raining.  B: OK, I'll pick you up.  Question: What is the girl's problem?

A：もしもし、お父さん。　B：もしもし、ケイト。どうしたんだい？　A：図書館で勉強していたんだけど、雨が降り始めたの。　B：わかった、むかえに行くよ。　質問：少女の問題は何ですか。　1　図書館が閉まっていました。　2　雨が降り始めました。　3　彼女はペンを持っていませんでした。　4　彼女の宿題が難しかった。

解説 雨が降り始めたと言う少女に対して、父親がむかえに行くと言っている。

(2) A: Where were you after school, Bill?  B: I went to the gym.  A: Were you playing volleyball there?  B: No, I was watching the game.  My classmate is on the volleyball team.  Question: What was the boy doing after school?

A：放課後はどこにいたの、ビル？　B：体育館へ行ったよ。　A：そこでバレーボール

をしていたの？　B：いいや、試合を見ていたんだ。クラスメイトがバレーボール部なんだよ。　質問：少年は放課後に何をしていましたか。　1　バレーボールをしていた。　2　バスケットボールを練習していた。　3　試合について話していた。　4　バレーボールの試合を見ていた。

解説 バレーボールをしていたのではなく、試合を見ていたと言っていることに注意。

## 05 英検4級でよく出る単語①

1 (1)③　　　　(2)①
2 (1)②　　　　(2)④

1 (1) A：料理がじょうずだね。どうやって日本料理を学んだの？　B：実は、週に2回料理教室に通っているんだ。　1　覚えている　2　忘れる　3　学ぶ　4　受け取る

解説 learn to ～で「～することを学ぶ、～できるようになる」という意味。

(2) A：明日、魚つりに行くのはどう？　B：よさそうだね。お母さんに聞いてみるよ。　1　聞く、質問する　2　作る　3　答える　4　つかまえる

解説 「魚つりに行ってもよいかについて質問する」ということなので、askが適切。

(リスニング)

2 (1) Mark was very tired, so he didn't go out today.  He read a book in the morning, and now he is watching a movie.  Question: What is Mark doing now?

マークはとてもつかれていたので、今日は外出しませんでした。午前中、彼は本を読み、今は映画を見ています。　質問：マークは今、何をしていますか。　1　映画館で働い

ている。　**2** 映画を見ている。　**3** 本を
読んでいる。　**4** 本を動かしている。

**解説** 最後で、now he(=Mark) is watching
a movie と言っている。

(2) Karen often visits her grandparents
on the weekends.　They went on a trip
last weekend, so she stayed at home
and cleaned her home. Question:
What did Karen do last weekend?
カレンは毎週末によく祖父母を訪ねます。先
週末、彼らは旅行に出かけたので、彼女は
家にいて家をそうじしました。　質問：先週
末、カレンは何をしましたか。　**1** 彼女は
祖父母を訪ねました。　**2** 彼女は宿題を終
えました。　**3** 彼女は旅行に出かけまし
た。　**4** 彼女は家をそうじしました。

**解説** on the weekends(毎週末)でなく、
last weekend(先週末)にしたことを聞き取
る。

## 06 明日の予定は？

| | | |
|---|---|---|
| **1** (1)④ | | (2)③ |
| **2** ③ | | **3** ② |
| **4** (1)④ | | (2)② |

**1** (1) A：私の友達が明日、文化祭に来る
んだ。　B：本当？　彼らに会いたいな。
(2) A：彼は来月、ブラジルに引っこす予定
なの？　B：その通りだよ。
**2** 男性：やあ、アンナ。おくれそうなんだ。
バスが20分間止まっていたんだ。　女性：
こんにちは、トム。だいじょうぶだよ。カフェ
で待っているね。　**1** もう行かなくちゃ。
**2** 勉強する予定だよ。　**3** おくれそうなん
だ。　**4** まちがった電車に乗ったんだ。

**解説** 「バスが20分間止まった」と続くので、

「おくれそうだ」の**3**が適切。be going to ～
には「～しそうだ」という意味もある。

**3** Jill is not going to go jogging today.

**解説** 「～するつもりはない」はbe not going
to ～で表す。isのあとにnot、toのあとにgo
を続ける。

（リスニング）

**4** (1) A: Where are you going, Jack?
B: I'm going to the stadium with my
uncle. A: Are you going to watch a
soccer game? B: Yes.　The game
starts at 6:30 p.m.　Question: What
is Jack going to do this evening?
A：どこへ行くの、ジャック？　B：おじとス
タジアムへ行くんだ。　A：サッカーの試合
を見るの？　B：うん。試合は午後6時30分
に始まるんだ。　質問：ジャックは今晩、何
をするつもりですか。　**1** 駅へ行く。
**2** サッカーをする。　**3** おじさんの家を訪
ねる。　**4** サッカーの試合を見る。

**解説** ジャックがスタジアムに行く目的を聞
き取る。

(2) A: What are you going to do this
winter, Kumi? B: I'm going to visit
Canada. A: That's nice.　Are you
going to study English? B: No. I like
winter sports.　I'm going to ski in the
mountains. Question: What is Kumi
going to do in Canada?
A：今年の冬は何をする予定なの、クミ？
B：カナダを訪れるつもり。　A：それはい
いね。英語を勉強するの？　B：いいえ。私
はウインタースポーツが好きなんだ。山でス
キーをする予定だよ。　質問：クミはカナダ
で何をする予定ですか。　**1** 英語を学ぶ。
**2** スキーをしに行く。　**3** スケートのレッ
スンを受ける。　**4** 山でキャンプをする。

解説 クミがカナダですることを聞き取る。

# 07 今晩は家にいる？

| | |
|---|---|
| **1** (1) ① | (2) ① |
| **2** ② | **3** ④ |
| **4** (1) ② | (2) ③ |

**1** (1) A：夏休みを楽しんでね。　B：あなたもね。メールを送るね。　(2) A：フレッドは明日、ここに到着するの？　B：うん、彼は電車で来るよ。

**2** 少女1：誕生日がもうすぐだね、ナンシー。パーティーはいつするの？　少女2：次の日曜日、私の家でだよ。来られる？
**1** 何がほしい？　**2** パーティーはいつするの？　**3** そこへはどうやって行くの？　**4** あなたの家はどこ？
解説 「次の日曜日」と時を答えていることから、When will 〜?（いつ〜しますか。）とたずねる文が適切。

**3** How long will the meeting take?
解説 「どのくらい〜」とたずねるときはHow longで文を始める。will 〜 takeと続ける。

（リスニング）

**4** (1) Miki is going to meet Clair at the station and go shopping at the shopping mall today. Before that, Miki is going to go to the bookstore.
Question: What will Miki do first?
ミキは今日、駅でクレアに会い、ショッピングモールに買い物に行く予定です。その前に、ミキは書店に行く予定です。　質問：ミキは最初に何をしますか。　**1** 駅でクレアと会う。　**2** 書店を訪れる。　**3** 買い物に行く。　**4** クレアにプレゼントを買う。
解説 ミキの行動の順序を整理しながら聞き取る。

(2) Tomorrow, it will be sunny and warm in the morning. In the afternoon, it will be rainy and cold, but at night the rain will stop, and it will be cloudy.
Question: How will the weather be tomorrow afternoon?
明日は、午前中は晴れて暖かくなるでしょう。午後は雨で寒くなりますが、夜には雨はやみ、くもりになるでしょう。　質問：明日の午後の天気はどうなるでしょうか。　**1** 晴れて暖かい。　**2** くもりですずしい。　**3** 雨で寒い。　**4** 風が強くて暑い。
解説 明日の午前中は晴れで暖かい、午後は雨で寒い、夜はくもりだと言っている。時間帯ごとの天気を整理しながら聞く。

# 08 もう出なくちゃいけないんだ

| | |
|---|---|
| **1** (1) ③ | (2) ② |
| **2** ① | **3** ④ |
| **4** (1) ② | (2) ② |

**1** (1) スーザンは宿題をしていませんでした。彼女は明日までにそれを終えなければなりません。　(2) A：今日は電車がすごく混んでたね。　B：うん、15分間立っていなければならなかったよ。

**2** 娘：お父さん、土曜日か日曜日に公園に行ける？　父親：ごめんね、アーシャ。今週末は仕事に行かなければならないんだ。
**1** 今週末は仕事に行かなければならないんだ。　**2** 私は公園に行かなければならなかったんだ。　**3** そこでテニスをするべきだよ。　**4** それはいい考えだね。
解説 空所の前で父親が謝っていることから、行けない理由を言っている1が適切。

**3** You must be quiet in the museum.

解説 「あなたは〜しなければなりません。」はYou must 〜.で表せる。mustのあとにbe quiet（静かにする）を続ける。

リスニング

**4** (1) A: Look, Emily. It's raining.  B: Really?  I have to walk to the hospital, and I don't have an umbrella.  A: You should buy one.  B: I will.  Question: What does Emily have to do?

A：見て、エミリー。雨が降っているよ。

B：本当？　病院まで歩いて行かないといけないんだけど、かさを持っていないよ。　A：かさを買ったほうがいいよ。　B：そうする。

質問：エミリーは何をしなければなりませんか。　**1** 天気を調べる。　**2** かさを買う。　**3** 病院を探す。　**4** 歯医者に行く。

解説 エミリーの発言のI will.は、あとに「かさを買う」という意味のbuy one（＝an umbrella）が省略されている。

(2) A: Hi, Jason. Your science teacher, Mr. Brown was looking for you.  B: Oh, I forgot.  I must go to the teachers' room.  A: I see.  I'll wait in the classroom.  B: I'll be back in ten minutes.  Question: Where does Jason have to go now?

A：こんにちは、ジェイソン。理科のブラウン先生が探していたよ。　B：あ、忘れてた。職員室に行かなくちゃ。　A：わかった。教室で待ってるね。　B：10分後にもどるよ。

質問：ジェイソンは今からどこに行かなければなりませんか。　**1** 教室に。　**2** 職員室に。　**3** ブラウン先生の家に。　**4** 理科室に。

解説 ジェイソンが行かなければならない場所を聞き取る。

---

**09** ベッドに赤ちゃんがいるよ

**1** (1) ①　　(2) ④
**2** ①　　　**3** ②
**4** (1) ③　　(2) ②

**1** (1) A：ベティー、今日のテストは難しかった？　B：私には簡単だったよ。問題は10問しかなかったよ。　(2) A：窓を開けないでね、ユウタ。風がとても強いから。　B：わかったよ、お母さん。

**2** 男性：道路に雪が積もっているよ。ゆっくり運転してね。　女性：ありがとう、エディー。気をつけるね。　**1** ゆっくり運転してね。　**2** おくれないでね。　**3** そこをそうじしたほうがいいよ。　**4** バスに乗ろう。

解説 雪が積もっていて、女性が「気をつける」と言っていることから、ゆっくり運転するように注意をうながす文が適切。

**3** How many teachers are there in your school?

解説 数をたずねるときは、〈How many＋名詞の複数形〉で文を始める。そのあとにare there 〜？（〜はいますか。）を続ける。

リスニング

**4** (1) A: Are you going out, Scott?  B: Yes.  I'm going to the library.  A: Come back before it gets dark.

**1** I want to buy a book.  **2** It is dark outside.  **3** OK, I will.

A：出かけるの、スコット？　B：うん。図書館に行くところ。　A：暗くなる前に帰ってきなさい。　**1** 本を買いたいんだ。　**2** 外は暗いよ。　**3** わかった、そうする。

解説 「暗くなる前に帰ってきなさい」に対しては、「わかった」と答えている**3**が適切。

(2) A: I'm hungry.  B: Me, too.  I want

to eat Chinese food. A: Is there a Chinese restaurant near here?

**1** Italian food is delicious. **2** On Orange Street. **3** I ate it last week.

A：おなかがすいたな。　B：私も。中国料理が食べたいな。　A：この近くに中国料理のレストランはある？　**1** イタリア料理はとてもおいしい。　**2** オレンジ通りにあるよ。　**3** 先週、それを食べたよ。

**解説** 中国料理のレストランはあるかと質問されているので、その場所を説明している**2**が適切。

## 10 英検4級でよく出る単語②

| | |
|---|---|
| **1** (1)① | (2)③ |
| **2** (1)④ | (2)② |

**1** (1) A：誕生日に何をもらったの？　B：お父さんが私に新しいラケットをくれたよ。　**1** あげた、くれた　**2** 話した　**3** 勝った　**4** 思った

**解説** gave（あげた、くれた）を入れると意味が通る。

(2) 私の姉[妹]は今朝、朝食に1杯のコーヒーを飲みました。　**1** 言った　**2** こわした　**3** 飲んだ　**4** 話した

**解説** coffee（コーヒー）とつながるのは、drank（飲んだ）。

(リスニング)

**2** (1) Wendy made pancakes with her father on Sunday morning. In the afternoon, she wrote a letter to her friend. That night, she drew pictures. Question: What did Wendy do on Sunday afternoon?

ウェンディは日曜日の朝に父親とパンケーキを作りました。午後は、友達に手紙を書きました。その夜は絵をかきました。　質問：ウェンディは日曜日の午後に何をしましたか。　**1** 彼女は父親を手伝いました。　**2** 彼女は絵をかきました。　**3** 彼女はパンケーキを作りました。　**4** 彼女は手紙を書きました。

**解説** ウェンディがしたことを時間帯ごとに整理して聞き取る。

(2) Ben bought a new bike two months ago. He enjoys cycling on the weekends. Last Friday, he rode his bike into the mountains. Question: When did Ben get his new bike?

ベンは2か月前に新しい自転車を買いました。彼は毎週末にサイクリングを楽しんでいます。この前の金曜日に、彼は自転車に乗って山に行きました。　質問：ベンはいつ新しい自転車を買いましたか。　**1** 毎週末です。　**2** 2か月前です。　**3** この前の金曜日です。　**4** 先月です。

**解説** 時を表すことばに注意して、ベンが自転車をいつ買ったかを聞き取る。

## 11 サッカーをしに公園へ行こう

| | |
|---|---|
| **1** (1)② | (2)③ |
| **2** ③ | **3** ② |
| **4** (1)② | (2)④ |

**1** (1) A：このオムレツはとてもおいしい！　B：ありがとう。それを作るために卵を4個使ったんだ。　(2) A：何か飲むものがほしい、お母さん？　B：ええ、お願い。紅茶をもらえる？

**2** 少年：ねむそうだね。昨夜はねるのがおそかったの？　少女：いいえ。宿題をするた

めに早く起きたんだ。　**1**　昨日はねるのが
おそかったんだ。　**2**　今は気分がよくなっ
たよ。　**3**　宿題をするために早く起きたん
だ。　**4**　たいてい夕食後にテレビを見るよ。

**解説**　「ねるのがおそかったの?」とたずねら
れて、No.と答えていることから、ねむそうに
している理由としては**3**が適切。

**3** There are a lot of places to visit in
our town.

**解説**　places(場所)のあとにto visitを続け
る。「〜があります」はThere are 〜.で表す。

**リスニング**

**4** (1) A: Hi, Katie.  Where did you go
today?  B: Hi, Dad.  I went to the
park.  A: Did you go running there?
B: No, I took pictures of flowers.
Question: Why did Katie go to the
park?

A：おかえり、ケイティ。今日はどこへ行った
の?　B：ただいま、お父さん。公園に行っ
たんだ。　A：そこへは走りに行ったの?
B：ううん、花の写真をとったんだよ。　質
問：ケイティはなぜ公園に行きましたか。
**1**　走りに行くため。　**2**　写真をとるため。
**3**　花を手に入れるため。　**4**　絵をかくた
め。

**解説**　ケイティはNoと言ったあと、took
pictures(写真をとった)と続けている。選択肢で
はpicturesがphotosになっていることに注意。

(2) A: It's time to go home, Joey.  B: I
still have some work to do.  A: I'll help
you.  I'll bring something to write
with.  B: Thank you.
Question: What will the woman do
next?

A：もう帰宅する時間だよ、ジョーイ。　B：
まだしなくちゃいけない仕事があるんだ。

A：手伝うよ。何か書くものを持ってくるね。
B：ありがとう。　質問：女性は次に何をし
ますか。　**1**　ジョーイと家に帰る。　**2**　何
か食べるものを買う。　**3**　ジョーイが手紙
を書くのを手伝う。　**4**　何か書くものを持っ
てくる。

**解説**　女性は手伝うと言ったあとに、I'll
bring something to write with.（何か書く
ものを持ってくるね。）と言っている。

# 12 ダンサーになりたいんだ

| **1** (1)② | (2)④ |
| **2** (1)② | (2)① |
| **3** (1)③ | (2)① |

**1** (1) A：あなたのお兄さん[弟さん]は何
をしているの、ハナ?　B：彼は野菜を育て
るのが好きだから、農場で働いているよ。
(2) A：山に行ったそうだね。　B：うん。そ
こでスキーをして楽しんだよ。

**2** (1) I'll remember to bring your book
tomorrow.

**解説**　remember to 〜で「忘れずに〜す
る」。toのあとにbring your bookを続ける。

(2) Thank you for taking me to the zoo.

**解説**　Thank you for 〜ing.で「〜してくれ
てありがとう。」。forのあとにtakingを続ける。

**リスニング**

**3** (1) A: Did you finish your report?
B: Not yet.  Why don't we study
together?  A: How about going to the
library?  **1**  For a math test.
**2**  Here's my homework. **3**  Good
idea.

A：レポートは終わった?　B：まだ。いっし
ょに勉強しない?　A：図書館へ行くのはど

う？　**1**　算数のテストのためだよ。　**2**　これが私の宿題だよ。　**3**　いい考えだね。

<u>解説</u> How about 〜ing?（〜するのはどうですか。）と提案されているので、それに賛成する**3**が適切。

(2) *A:* Do you need anything else?　*B:* I need to buy a new cookbook, Dad. *A:* Why do you need one?　**1**　I want to try new recipes.　**2**　That's all. **3**　No, thank you.

A：ほかに必要なものはある？　B：新しい料理の本を買う必要があるの、お父さん。A：なぜ必要なんだい？　**1**　新しいレシピに挑戦したいんだ。　**2**　それで全部だよ。 **3**　いいえ、結構です。

<u>解説</u>「料理の本」が必要な理由として適切なのは**1**。

# 13 きみより背が高いよ

| | |
|---|---|
| **1** (1)④ | (2)① |
| **2** ③ | **3** ② |
| **4** (1)② | (2)③ |

**1** (1) A：パリの天気はどうだった？　B：今日は昨日よりも暑かったよ。　**1**　より若い　**2**　より小さい　**3**　よりいそがしい **4**　より暑い　(2) A：あなたのお気に入りの本は何ですか。　B：私はこの本が全部の中でいちばんおもしろいと思う。　**1**　いちばんおもしろい　**2**　より有名な　**3**　いちばん注意深い　**4**　よりわくわくする

**2** 少年：これは私の祖父だよ。来月で90歳になるんだ。　少女：本当？　彼はそれよりも若く見えるね。　**1**　すてきなカメラを持っているね。　**2**　彼女は私の親友だよ。 **3**　彼はそれよりも若く見えるね。　**4**　よく

わかりません。

<u>解説</u> 祖父の年齢について話している。実際の年齢より若く見えると言っている**3**が適切。

**3** Tokyo is one of the biggest cities in the world.

<u>解説</u>「最も大きな都市」はthe biggest citiesと表し、one of （〜のうちの一つ）のあとに続ける。

(リスニング)

**4** (1) A: Look, Nina.　Ken and Andy are swimming. *B:* Ken swims faster than Andy.　*A:* Yes, but I'm the fastest swimmer on the team. *B:* That's great, Hans. Question: Who swims the fastest on the team?

A：見て、ニーナ。ケンとアンディーが泳いでいるよ。　B：ケンはアンディーよりも速く泳ぐね。　A：うん、でも私がチームでいちばん速く泳ぐんだよ。　B：それはすごいね、ハンス。　質問：チームでいちばん速く泳ぐのはだれですか。　**1**　ケン。　**2**　ハンス。 **3**　アンディー。　**4**　ニーナ。

<u>解説</u> Who swims the fastest?で「いちばん速く泳ぐのはだれですか。」という意味。

(2) A: Rugby is more popular than soccer at my school. *B:* In my class, rugby is not very popular. *A:* Then what sport is popular? *B:* Baseball is the most popular.　Question: What are they talking about?

A：私の学校では、ラグビーのほうがサッカーよりも人気があるよ。　B：私のクラスではラグビーはそんなに人気はないよ。　A：では、何のスポーツが人気があるの？　B：野球がいちばん人気があるよ。　質問：彼らは何について話していますか。　**1**　大好きな教科。　**2**　部活動。　**3**　人気のあるス

ポーツ。　**4**　有名な先生。
(解説) 2人が話題にしているのは、人気のあるスポーツなので、**3**が適切。

# 14 同じくらいかわいい

| | | | |
|---|---|---|---|
| **1** (1)① | | (2)② | |
| **2** ② | | **3** ③ | |
| **4** (1)③ | | (2)② | |

**1** (1) A：夏と冬とでは、どちらのほうが好き？　B：どちらの季節も好きだよ。決められないよ。　(2) A：ビリーはあなたと同じくらいじょうずに歌えるの？　B：うん、彼は歌うのが得意だよ。　**1**　それほど　**2**　(as … as 〜で) 〜と同じくらい…　**3**　〜よりも　**4**　〜の

**2** 少女：テニスは私のいちばん好きなスポーツだよ。あなたは？　少年：バスケットボールがいちばん好きだよ。わくわくするから。　**1**　そうは思わないな。　**2**　バスケットボールがいちばん好きだよ。　**3**　ラケットを持っているよ。　**4**　スポーツは好きではないよ。
(解説) 話の流れから、自分のいちばん好きなスポーツを答えている**2**が適切。

**3** My camera is not as old as this one.
(解説) not as old as 〜で「〜ほど古くはない」という意味。

(リスニング)
**4** (1) A: Are you enjoying the party? B: Yes, the food is delicious.　A: What did you like the best?　**1**　It started at five.　**2**　Here is my present.　**3**　Fried chicken.
A：パーティーを楽しんでいる？　B：うん、食べ物がとてもおいしい。　A：何がいちばん気に入りましたか。　**1**　5時に始まった

よ。　**2**　はい、プレゼントだよ。　**3**　フライドチキンだよ。
(解説) 話の流れから、いちばん気に入った食べ物を答えるのが適切。

(2) A: This blue umbrella is as popular as that green one.　B: An umbrella will be a good present for my mother.　A: Which one do you like better?　**1**　It's not mine.　**2**　This blue one.　**3**　It's a little expensive.
A：この青いかさはあの緑のかさと同じくらい人気がありますよ。　B：かさは母親へのいいプレゼントになります。　A：どちらのほうが好きですか。　**1**　私のものではありません。　**2**　この青いかさです。　**3**　少し値段が高いです。
(解説) Which one do you like better?（どちらのほうが好きですか。）と聞かれているので、好きなほうを答えている**2**が適切。

# 15 英検4級でよく出る単語③

| | | | |
|---|---|---|---|
| **1** ④ | | **2** ① | |
| **3** (1)② | | (2)③ | |

**1** A：この映画を見に行かない？　B：楽しそうだね。チケットを2枚、買っておくよ。
**1**　情報　**2**　報告書　**3**　パスポート
**4**　チケット
(解説) movie（映画）につながるのはticket（チケット）。

**2** How will the weather be tomorrow?
(解説) 天気をたずねるときはHowで文を始める。will the weather beという語順に注意。

(リスニング)
**3** (1) A: I made some cookies last night. B: That's great. Do you like

to cook?　*A:* Yes.　What do you like to do in your free time?　*B:* I like drawing pictures.　Question:　What are they talking about?

Ａ：昨夜、クッキーを作ったんだ。　Ｂ：それはすごい。料理をするのが好きなの？　Ａ：うん。あなたはひまな時間に何をするのが好き？　Ｂ：絵をかくのが好きだよ。　質問　彼らは何について話していますか。

1　彼らの美術の授業。　2　彼らの趣味。
3　彼らの新しい仕事。　4　彼らのいちばん好きな教科。

（解説）2人は、するのが好きなことについて話しているので、2の「趣味」が適切。

*(2) A:* It's almost noon.　Let's go to that restaurant.　*B:* Sorry, Jane.　I have to go to the library first.　*A:* OK, I'll wait in front of the station.　*B:* I'll be there in ten minutes.　Question: Where will the boy go first?

Ａ：もうすぐお昼だ。あのレストランに行こうよ。　Ｂ：ごめん、ジェーン。先に図書館に行かなきゃ。　Ａ：わかった、駅の前で待ってるね。　Ｂ：10分後に行くよ。　質問：少年は最初にどこに行きますか。　1　レストランに。　2　駅に。　3　図書館に。　4　バス停に。

（解説）少年は、I have to go to the library first（先に図書館に行かなければならない）と言っているので、3が適切。

# 16 起きたときは寒かった

| 1 | (1) ② | (2) ④ |
| 2 | ① | 3 ② |
| 4 | (1) ② | (2) ④ |

---

**1** *(1)* Ａ：駅に着いたら、電話をしてね。
Ｂ：わかった。あとで電話するね、お母さん。
1　〜なので、〜だから　2　〜するとき
3　それで　4　〜ということ

*(2)* Ａ：アニメに興味があれば、イベントに来て。　Ｂ：ぜひ行くよ。アニメが大好きなんだ。　1　〜したあとに　2　〜よりも
3　しかし　4　もし〜ならば

**2** 息子：お母さん、このピザを食べてもいい？　母親：いいわよ。食べる前に手を洗ってね。　息子：わかった。　1　食べる前に手を洗ってね。　2　部屋に入るときは静かにしなさい。　3　あなたに会えてうれしいよ。　4　ピザがいちばん好きなんだ。

（解説）息子は母親にピザを食べてもいいかと聞いている。それに対する応答としては、手を洗うように言っている1が適切。

**3** I often listen to music when I have time.

（解説）when I have time で「私が時間があるとき」という意味。

（リスニング）

**4** *(1)* John and his sister went to the cafe.　He usually eats spaghetti, but this time he only drank coffee because he was full.　His sister ate pizza.
Question:　Why didn't John eat spaghetti?

ジョンと彼の姉[妹]はカフェに行きました。彼はたいていスパゲッティを食べますが、このときはおなかがいっぱいだったので、コーヒーだけ飲みました。彼の姉[妹]はピザを食べました。　質問：ジョンはなぜスパゲッティを食べなかったのですか。　1　彼はそれが好きではありませんでした。　2　彼は空腹ではありませんでした。　3　彼はピザを食べました。　4　彼はつかれていました。

解説 because（〜なので）のあとで、スパゲッティを食べなかった理由を言っている。

(2) Mary will go to the beach if it's sunny tomorrow. She's going to go shopping today because she wants to buy a new hat.

Question: What will Mary do today?

メアリーは明日、晴れたらビーチに行くつもりです。今日は、新しいぼうしを買いたいので、買い物に行く予定です。

質問：メアリーは今日、何をするでしょうか。

1　泳ぎに行く。　2　ビーチに行く。
3　水泳のレッスンを受ける。　4　新しいぼうしを買う。

解説 質問されているのは、today（今日）のことであることに注意。

# 17 うれしそうだね

```
1 (1)③        (2)②
2 ①           3 ④
4 (1)②        (2)③
```

1 (1) A：母の日にお母さんに花をあげた？　B：ううん、今年はカードを送ったよ。

1　（人に）話す　2　〜に見える　3　あげる　4　作る

(2) A：警察官になりたいんだ。　B：願いがかなうといいね。

1　〜に見える　2　（形容詞・名詞が続いて）〜になる　3　あげる　4　（形容詞が続いて）〜になる

2 先生：だいじょうぶ？　具合が悪そうに見えますよ。　生徒：ええと、熱があります。医者に行くところです。　1　具合が悪そうに見えます。　2　今は気分がよくなりました。
3　病院の近くです。　4　あなたはネコが好きです。

解説 生徒が「医者に行くところ」と答えていることから、具合が悪そうに見えると言っている1が適切。

3 Can you show me the picture of your family?

解説 「私にあなたの家族の写真を見せる」と「私に」を補って考え、show me the picture of 〜の語順で表す。

リスニング

4 (1) A: Hi, Bill. You look tired. B: Mr. White gave us a lot of homework today. A: Did you finish it? B: No. It's very difficult for me.

Question: What's Bill's problem?

A：こんにちは、ビル。つかれているみたいだね。　B：ホワイト先生が今日、宿題をたくさん出したんだ。　A：それを終えたの？　B：いや。私にはすごく難しいんだ。　質問：ビルの問題は何ですか。　1　彼はいそがしい。　2　彼の宿題は難しい。
3　彼は勉強するのが好きではありません。
4　彼は宿題を忘れました。

解説 ビルは自分には宿題はとても難しいと言っているので、2が適切。

(2) A: Tony, will you tell me your new address? B: Hi, Jessica. I'll send you an e-mail later. A: Thank you. How was your new school? B: Everyone is kind to me.

Question: What does Jessica want to know?

A：トニー、新しい住所を教えてくれる？
B：やあ、ジェシカ。あとでメールを送るよ。
A：ありがとう。新しい学校はどうだった？
B：みんな私に親切だよ。

質問：ジェシカが知りたいことは何ですか。
**1** トニーの新しい友達。 **2** トニーのEメールアドレス。 **3** トニーの新しい住所。 **4** トニーの電話番号。

解説 最初の発言で新しい住所を教えてと言っているので、**3**が適切。

# 18 なぜ早く起きたの？

**1** (1)③　　　　(2)①
**2** (1)④　　　　(2)②
**3** (1)①　　　　(2)③

**1** (1) A：なぜ留学したいの？　B：アメリカの文化について学ぶためだよ。　**1** 何
**2** いつ　**3** なぜ　**4** どちら
(2) A：もうねる時間よ。そのドラマはいつ終わるの？　B：5分後だよ。そのあとにねるよ。　**1** いつ　**2** どこで　**3** なぜ
**4** だれ
**2** (1) 先生：アヤ、なぜ授業におくれたの？
生徒：すみません、スミス先生。電車がおくれました。　**1** どうやって学校に来ますか？
**2** あなたの英語のテストはいつですか？
**3** あなたの教科書はどこですか？　**4** なぜ授業におくれたのですか？

解説 電車がおくれたと理由を答えているので、why（なぜ）の文が適切。

(2) 妻：これはあなたのマフラー？　夫：うん、私のだ。どこにあったの？　妻：いすの上よ。　**1** それはだれのマフラー？　**2** それはどこにあったの？　**3** それを買ったの？　**4** それはいくら？

解説 場所を答えているので、where（どこ）の文が適切。

リスニング

**3** (1) A: Excuse me.  I'd like to borrow these books.  B: Sure.  Is this your first time here?  A: Yes.  How long can I keep them?  B: You can keep them for two weeks.
Question: Where are they talking?
A：すみません。これらの本を借りたいのですが。　B：かしこまりました。こちらは初めてですか。　A：はい。どのくらいの期間、借りられますか？　B：2週間、借りられます。　質問：彼らはどこで話していますか。
**1** 図書館で。　**2** 郵便局で。　**3** スーパーマーケットで。　**4** レストランで。

解説 本の貸し出しについて話しているので、**1**が適切。

(2) A: I have to take a science test.
B: Me, too.  When is your test, Mike?
A: On Wednesday morning.  B: Mine is on Friday afternoon.
Question: When will the boy take a science test?
A：理科のテストを受けなくちゃいけないんだ。　B：私も。テストはいつ、マイク？
A：水曜日の午前中だよ。　B：私のは金曜日の午後だよ。
質問：少年はいつ理科のテストを受けますか。　**1** 金曜日の午後。　**2** 金曜日の午前中。　**3** 水曜日の午前中。　**4** 水曜日の午後。

解説 理科のテストがある日を整理して聞き取る。少年（＝マイク）のテストは水曜日の午前中で、少女のテストは金曜日の午後。

## 19 このシャツ、どう思う？

| | | | |
|---|---|---|---|
| **1** *(1)*② | | *(2)*④ | |
| **2** ③ | | **3** ① | |
| **4** *(1)*② | | *(2)*① | |

**1** *(1)* A：昨日は何をしたの？　B：ホールで手品ショーを見たよ。　**1** なぜ　**2** 何を　**3** いつ　**4** どこに　*(2)* A：どんな種類のアイスクリームが好き？　B：ストロベリーアイスクリームが好きだよ。　**1** 色　**2** サイズ　**3** 果物　**4** 種類

**2** 少年：オーストラリアでコアラを見たんだ。どんな動物が好き？　少女：イヌ。家でイヌを3びき飼っているよ。　**1** それらをどこで見たの？　**2** どう思う？　**3** どんな動物が好き？　**4** いつそこに行くの？

解説 少女は「イヌ」と動物を答えているので、好きな動物をたずねている**3**が適切。

**3** What do you think of my lemon cake?

解説 「あなたは〜をどう思いますか。」と「あなたは」を補って考えて、What do you think of 〜?と表す。

リスニング

**4** *(1)* A: What are you going to have for lunch? B: I'd like to have a sandwich. A: What kind? **1** At the cafeteria. **2** A chicken sandwich. **3** It's almost noon.

A：昼食に何を食べる？　B：サンドイッチが食べたいな。　A：どんな種類？　**1** カフェテリアで。　**2** チキンのサンドイッチ。　**3** もうすぐ正午だよ。

解説 どんな種類のサンドイッチを食べたいかを答えている、**2**が適切。

*(2)* A: Look at these pictures. I took them. B: Oh, you went to the flower park. A: What do you think of them? **1** They are beautiful. **2** Here you are. **3** I went there, too.

A：これらの写真を見て。私がとったんだ。
B：わあ、フラワーパークに行ったんだね。
A：それらをどう思う？　**1** きれいです。　**2** はい、どうぞ。　**3** 私もそこへ行ったよ。

解説 写真の感想を答えている**1**が適切。

## 20 英検4級でよく出る単語④

| | | | |
|---|---|---|---|
| **1** ③ | | **2** ② | |
| **3** *(1)*④ | | *(2)*① | |

**1** A：あなたの学校には制服はある？
B：ないよ。私たちは毎日ちがった服を着ることができるよ。　**1** 難しい　**2** 空腹な　**3** ちがった　**4** 準備のできた

解説 「制服がない」とあることから、「毎日ちがった服を着る」とするのが適切。

**2** 生徒：聞こえません。もっとゆっくり話してもらえますか。　先生：わかりました、もう一度言いますよ。　**1** 注意深く聞いてください。　**2** もっとゆっくり話してもらえますか。　**3** ここで話してもいいですか。　**4** いっしょに歌いましょうか。

解説 空所の前で、「聞こえない」と言っていることから、**2**が適切。

リスニング

**3** *(1)* I had a history test today. I studied hard for the test last night. I'm tired now, but I'm happy because I did well on the test. Question: Why is the girl happy?

私は今日、歴史のテストがありました。昨夜はテストのために一生懸命勉強しました。今

はつかれていますが、テストがうまくいったのでうれしいです。　質問：少女はなぜうれしいのですか。　**1**　彼女は昨夜、歴史の本を手に入れました。　**2**　彼女は昨日、テストがありませんでした。　**3**　今日は学校が休みでした。　**4**　彼女はテストがうまくいきました。

解説 because（〜なので）のあとで、「テストがうまくいった」とうれしい理由を言っている。

*(2)* Richard usually has pancakes for breakfast, but this morning, he woke up late.　He didn't have time to cook, so he had salad and coffee.

Question: What does Richard usually eat for breakfast?

リチャードはふだん朝食にパンケーキを食べますが、今朝はおそく起きました。彼は料理をする時間がなかったので、サラダとコーヒーをとりました。　質問：リチャードはふだん朝食に何を食べますか。　**1**　パンケーキ。　**2**　ヨーグルト。　**3**　サラダ。　**4**　コーヒー。

解説 今朝の朝食ではなく、ふだんの朝食をたずねられている。最初の文で、ふだんは朝食にパンケーキを食べると言っている。

## 21 卵を買ってきてくれる？

| **1** *(1)* ① | *(2)* ① |
|---|---|
| **2** *(1)* ④ | *(2)* ② |
| **3** *(1)* ② | *(2)* ③ |

**1** *(1)* A：すみません、フォックス先生。質問してもよろしいですか。　B：いいですよ、入ってください。　*(2)* A：市役所への道を教えてくださいますか。　B：角を曲がったところですよ。

**2** *(1)* 息子：コンピューターを使ってもいい、お父さん？　父親：ごめん、今、使っているんだ。　**1**　それは先月買ったんだよ。　**2**　はい、どうぞ。　**3**　どうぞ。　**4**　今、使っているんだ。

解説 父親がSorry（ごめん）と謝っていることから、断る理由が続く。Here you are.（はい、どうぞ。）は物を手わたすとき、Go ahead.（どうぞ。）は許可するときの言い方。

*(2)* 少女1：出かける準備はできた？　少女2：まだ。10分待ってくれる？　少女1：いいよ、あわてないでね。　**1**　ドアを開けてもいい？　**2**　10分待ってくれる？　**3**　どこへ行きたい？　**4**　どのくらいかかる？

解説 出かける準備ができていないと答えているので、待つようにお願いする2が適切。

リスニング

**3** *(1)* A: Can you help me in the kitchen?　B: Sure, Mom.　What can I do?　A: Can you wash the dishes?　B: I'll do it right now.　Question: What will the boy do next?

A：台所で手伝ってくれる？　B：いいよ、お母さん。何をすればいい？　A：食器を洗ってくれる？　B：今すぐやるよ。　質問：少年は次に何をするでしょうか。　**1**　彼女の宿題を手伝う。　**2**　食器を洗う。　**3**　台所をそうじする。　**4**　買い物に行く。

解説 少年は、母親に台所で食器を洗うようにお願いされているので、2が適切。

*(2)* A: Ken, your chocolate cake is delicious.　B: Thanks, Sara.　Have some tea.　A: Can I have some more cake?　B: Sure. Here you are.

Question: What does the girl want to do?

A：ケン、あなたのチョコレートケーキはとて

もおいしいよ。　B：ありがとう、サラ。紅茶をどうぞ。　B：ケーキをもう少し食べてもいい？　A：もちろん。はい、どうぞ。　質問：少女は何をしたいのですか。　**1**　コーヒーを飲む。　**2**　チョコレートパイを作る。　**3**　ケーキを食べる。　**4**　紅茶を持ってくる。

解説　少女（＝サラ）はもう少しケーキを食べてもいいかとたずねているので、**3**が適切。

## 22 紅茶はいかが？

| | |
|---|---|
| **1** *(1)* ③ | *(2)* ② |
| **2** ① | **3** ④ |
| **4** *(1)* ① | *(2)* ③ |

**1** *(1)* A：サンドイッチをもう1ついかが？　B：いや、結構だよ。おなかがいっぱいなんだ。　**1**　好きだ　**2**　作る　**3**　ほしい　**4**　見つける　*(2)* A：放課後、公園に行かない？　B：いいよ。キャッチボールをしよう。

**2** 男性：エレンのためにパーティーをしませんか？　女性：それはいい考えだね。あとでくわしく話しましょう。　**1**　それはいい考えだね。　**2**　もちろん、どうぞ。　**3**　はい、お願いします。　**4**　それは残念です。

解説　Would you like to ～？（～しませんか。）とさそっているので、賛成する**1**が適切。

**3** What would you like for dessert?

解説　What would you like ～?はWhat do you want ～?よりていねいな言い方。

リスニング

**4** *(1)* A: We had a very good time. B: Yes. His songs were really wonderful. A: Do you want to go with me again?　**1**　I'd love to.　**2**　I want a ticket.　**3**　For two hours.

A：とても楽しい時間を過ごしたね。　B：うん。彼の歌は本当にすばらしかった。　A：またいっしょに行かない？　**1**　ぜひ。　**2**　チケットがほしいな。　**3**　2時間だよ。

解説　Do you want to ～?は「～しませんか。」と相手をさそうときの表現。I'd love to.やSure.（もちろんです。）などと答える。

*(2)* A: I made a lot of cookies. B: Wow, I like cookies very much. A: Would you like some?　**1**　I can make a cake.　**2**　Of course, go ahead.　**3**　Yes, please.

A：クッキーをたくさん作ったんだ。　B：わあ、私はクッキーが大好きなんだ。　A：少し食べる？　**1**　私はケーキが作れるよ。　**2**　もちろん、どうぞ。　**3**　うん、ちょうだい。

解説　クッキーをすすめられているので、くれるようにお願いしている**3**が適切。

## 23 どうやって行けばいい？

| | |
|---|---|
| **1** *(1)* ② | *(2)* ③ |
| **2** ④ | **3** ① |
| **4** *(1)* ② | *(2)* ③ |

**1** *(1)* A：フランスへの旅行はどうだった？　B：すばらしかったよ！　**1**　～と感じる　**2**　好きだ　**3**　ほしい　**4**　持っている　*(2)* A：今日の気分はどう？　B：とてもいいよ。　**1**　何　**2**　なぜ　**3**　どんな具合で　**4**　だれの

**2** 少年1：今日は何をしたい？　少年2：映画を見るのはどう？　アニメが大好きなんだ。　少年1：いいね。　**1**　調子はどう？　**2**　何を探しているの？　**3**　どこへ行くところなの？　**4**　映画を見るのはどう？

解説 ▶ How about ～ing?で「～するのはどうですか。」という意味。提案するときに使う。

**3** How do I get to the post office?
get to ～で「～へ到着する、～へ行く」。

リスニング

**4** (1) *A:* How much is this white cup? *B:* It's 40 dollars. *A:* It's a little expensive. How about this green cup? *B:* It's 13 dollars. Question: How much is the green cup?

A：この白いカップはいくらですか。　B：40ドルです。　A：ちょっと高いですね。こちらの緑のカップはどうですか。　B：13ドルです。　質問：緑のカップはいくらですか。　1　30ドル。　2　13ドル。　3　40ドル。　4　14ドル。

解説 ▶ 質問されているのは、緑のカップの値段なので、**2**が適切。

(2) *A:* Did you ride your bike to the library, Dan? *B:* No, my sister was using my bike. *A:* How did you get there? *B:* My mother took me there by car. Question: How did the boy go to the library?

A：図書館へは自転車に乗って行ったの、ダン？　B：いいや、姉[妹]が私の自転車を使っていたんだ。　A：どうやってそこまで行ったの？　B：母が車で送ってくれたんだ。　質問：少年はどうやって図書館に行きましたか。　1　自転車で。　2　徒歩で。　3　車で。　4　電車で。

解説 ▶ 姉[妹]が自転車を使っていて、母親が車で送ってくれたと言っているので、**3**が適切。

---

## 24 リサをお願いできますか？

**1** (1) ①　　　　　(2) ④
**2** (1) ③　　　　　(2) ③
**3** (1) ①　　　　　(2) ②

**1** (1) A：こちらはカレンです。ユウタをお願いできますか。　B：少しお待ちください。
1　話す　2　言う　3　電話する　4　書く　(2) A：何かお探しですか。　B：はい。ランニングシューズを探しています。
1　話している　2　見ている　3　買っている　4　(looking forで) 探している

**2** (1) 男性：すみません。このシャツは私には少し小さいです。　店員：わかりました。こちらはいかがですか。Lサイズです。　男性：それで結構です。それにします。
1　赤のシャツはありません。　2　より小さいものが必要ですか。　3　こちらはいかがですか。　4　それが気に入りましたか。

解説 ▶ サイズが小さいと言っているので、別の物をすすめている**3**が適切。

(2) 少年：もしもし。ポールはいますか。女性：彼は友達の家にいます。どちらさまですか。　少年：ダンです。　1　私です。　2　あなたはどこにいますか。　3　どちらさまですか。　4　少しお待ちください。

解説 ▶ 空所のあとで少年は自分の名前を答えているので、だれかとたずねる**3**が適切。

リスニング

**3** (1) *A:* Hello? *B:* Hello. *A:* This is Linda. May I speak to Ryan? *B:* Hi, Linda. Sorry, he's out now. **1** OK, I'll call back later. **2** Can I take a message? **3** I'm home now.

A：もしもし？　B：もしもし。A：リンダです。ライアンをお願いできますか。　B：や

あ、リンダ。こめんね、彼は今、出かけているんだよ。　**1**　わかりました、あとでかけ直します。　**2**　伝言をうかがいましょうか。　**3**　私は今、家にいます。

解説 外出中だと言われているので、電話をかけ直すと言っている**1**が適切。

*(2)* A: Excuse me.　B: Hi.　How can I help you?　A: Where are some toys for children?　**1**　Here's your change.
**2**　They're on the third floor.
**3**　They are 20 dollars.

A：すみません。　B：こんにちは。何かお探しですか。　A：子ども用のおもちゃはどこにありますか。　**1**　はい、おつりです。
**2**　3階にあります。　**3**　20ドルです。

解説 おもちゃ売り場がどこにあるかを答えている**2**が適切。

## 25 英検4級でよく出る表現①

| | | | |
|---|---|---|---|
| **1** ④ | | **2** ② | |
| **3** *(1)* ② | | *(2)* ③ | |

**1** A：週末はどうだった？　B：家族と奈良へ行ったよ。そこで楽しい時を過ごしたよ。

解説 have a good timeで「楽しい時を過ごす」という意味。

**2** I have to take care of my brother today.

解説 「～の世話をする」はtake care of ～で表す。

（リスニング）

**3** *(1)* Yuko has swimming lessons on Wednesdays.　Today she had a cold, so she stayed home.　She will go to the doctor tomorrow.　Question: Why was Yuko at home today?

ユウコは毎週水曜日に水泳のレッスンがあります。今日はかぜをひいていたので、彼女は家にいました。明日は医者に行くつもりです。　質問：なぜユウコは今日家にいたのですか。　**1**　彼女は水泳のレッスンがありませんでした。　**2**　彼女はかぜをひいていました。　**3**　彼女は病院に行きました。
**4**　外はとても寒かった。

解説 かぜをひいていたので、家にいたと言っているので**2**が適切。

*(2)* Rick is interested in Japanese food.　He couldn't cook well at first, but he didn't give up.　His dream is to open a restaurant in America.　Question: What does Rick want to do in the future?

リックは日本料理に興味があります。最初はうまく料理できませんでしたが、彼はあきらめませんでした。彼の夢はアメリカでレストランを開くことです。　質問：リックは将来、何をしたいですか。　**1**　日本で日本料理を作る。　**2**　日本で日本料理のレストランを訪れる。　**3**　アメリカでレストランを開く。　**4**　アメリカで日本料理について学ぶ。

解説 アメリカでレストランを開くことが夢だと言っているので**3**が適切。

## 26 掲示・案内

| | | | |
|---|---|---|---|
| **1** *(1)* ③ | | *(2)* ② | |
| **2** *(1)* ④ | | *(2)* ③ | |

**1** *(1)* 生徒たちはどこで会いますか。
**1**　ウエストバレー高校で。　**2**　ノース公園で。　**3**　シルバー駅で。　**4**　理科室で。

解説 Meeting Place（集合場所）にSilver Station（シルバー駅）とある。

(2) サイモン先生は、… **1** 生徒と自然について話します。 **2** 生徒に動物について教えます。 **3** ウエストバレー高校に来ます。 **4** ブレンダ・ミラーにEメールを送ります。

**解説** サイモン先生については、本文の最後から2行目にteach us about animals（私たちに動物について教える）とある。

バードウォッチングを楽しもう！
ウエストバレー高校では、生徒のために特別なイベントを開きます。鳥に興味のあるかたはご参加ください。ノース公園ではいろいろな種類の鳥を見ることができます。
日付：4月30日（日曜日）
時間：午前8時30分～午後3時
集合場所：シルバー駅
理科のサイモン先生が来て、私たちに動物について教えてくれます。参加するには、4月21日までにブレンダ・ミラーまでEメールを送ってください。

**2** (1) …と、人々は無料の絵はがきがもらえます。 **1** 午前10時に店に来る **2** カレンダーと筆箱を買う **3** 飲み物を1つ注文する **4** ノートを2冊買う

**解説** 本文の3行目に絵はがきをもらえる条件についてはWhen you buy two notebooks（ノートを2冊買うと）とある。

(2) 店は12月17日は何時に閉店しますか。
**1** 午前9時に。 **2** 午前10時に。
**3** 午後5時30分に。 **4** 午後6時に。

**解説** セールは12月15日から17日の3日間。営業時間については最後の文に、the last day(最終日)はfrom 10 a.m. to 5:30 p.m.（午前10時から午後5時30分まで）とある。

サンタウン文具店のセール
12月15日より3日間のセールをします。ペン、消しゴムやノートを30％オフで販売いたします。ノートを2冊買うと、絵はがきが無料でもらえます！ カフェでは飲み物やケーキをお楽しみいただくこともできます。
このセールをお見のがしなく！ 営業時間は午前9時から午後6時までですが、最終日は午前10時から午後5時30分までです。

## 27 Eメール

**1** (1) ④ (2) ②
**2** (1) ③ (2) ①

**1** (1) サンディとビリーは土曜日に何をしますか。 **1** 公園でお弁当を食べる。 **2** 友達に会う。 **3** サンドイッチを作る。 **4** 山に登る。

**解説** メールの2～3行目に「兄[弟]のビリーと山に行くつもり」とある。

(2) デビッドは…ことをしなければなりません。 **1** かさを持っていく **2** 飲み物を用意する **3** 昼食を買う **4** 今週の土曜日の計画を立てる

**解説** メールの最後から3行目で、サンディはデビッドに「昼食は必要ないが、飲み物を持ってくるように」と伝えている。

送信者：サンディ・ダグラス
送信先：デビッド・ピーターソン
日付：11月3日
件名：今週の土曜日

こんにちは デビッド、
今週の土曜日、予定はある？　兄［弟］のビリーと山に行くつもりなんだ。私たちと行かない？　山頂からのながめはすばらしいよ。そこで昼食をとる予定なんだ。母が昼食にサンドイッチを作ってくれるよ。だから、お弁当はいらないけど、飲み物は持ってきてね。楽しいよ。
あなたの友達、
サンディ

**2** (1) デビッドは山に何を持っていきますか。　**1** お弁当。　**2** 写真。　**3** カメラ。　**4** ぼうし。

解説▶メールの4行目に着目。「カメラを持っていく」とある。

(2) デビッドは、…ことをしたいと思っています。　**1** 紅葉の写真をとる　**2** ダンスレッスンに行く　**3** 新しいカメラを買う　**4** サンディの母親にお礼を言う

解説▶メールの4～5行目に着目。紅葉が見られるかとたずねていて、その写真をとりたいと続けている。

┌─ Eメールの意味 ─┐

送信者：デビッド・ピーターソン
送信先：サンディ・ダグラス
日付：11月4日
件名：いいね

こんにちは サンディ、
さそってくれてありがとう。とてもいい計画だと思うよ！　うん、土曜日は都合がいいよ。日曜日はダンスのレッスンがあるんだけど、土曜日は空いてるんだ。カメラを持っていくよ。紅葉は見られる？　それらの写真をとりたいんだ。その日は何時にあなたの家に行けばいいかな？時間を教えて、それとお母さんにもよろし

くお伝えください。
ではまた、
デビッド

## 28 説明文（紹介）

**1** (1) ②　　　　(2) ③
**2** (1) ④　　　　(2) ③

**1** (1) メイの夢は何ですか。　**1** 教師になること。　**2** 獣医になること。　**3** 仙台に住むこと。　**4** ペットを飼うこと。

解説▶第1段落の最後の文に着目。将来は獣医になりたいとある。

(2) タロウとはだれですか。　**1** メイの父親。　**2** メイの兄［弟］。　**3** メイのペット。　**4** メイの新しいクラスメイト。

解説▶第2段落の1、2文目に着目。タロウとはメイの誕生日に父親が連れてきた子犬。

┌─ 英文の意味 ─┐

**メイの新しい家族**
　メイは中学生です。両親と仙台に住んでいます。両親は教師です。彼女は動物が好きなので、将来は獣医になりたいと思っています。
　メイの誕生日に、父親が新しい家族のタロウを家に連れてきました。彼はかわいい茶色の子犬でした。彼はメイに近づくと、彼女の足をさわりました。彼女はすぐに彼のことが気に入りました。今では、タロウは彼女の家族の一員です。

**2** (1) メイはタロウに食べ物を…与えます。
**1** 1回だけ　**2** 毎日放課後に　**3** 午後と夜に　**4** 朝と夕方に

解説▶第1段落の2、3文目に着目。タロウ

は1日に2回えさが必要で、朝と夕方に1回ずつあげているとある。

*(2)* タロウは夜にどこでねますか。　**1**　公園で。　**2**　彼の家の中で。　**3**　メイのベッドで。　**4**　庭で。

解説 第2段落の1文目に着目。庭に犬小屋があるが、メイのベッドでねているとある。

英文の意味

　メイはタロウの世話を楽しんでいます。彼は1日に2回、食事する必要があります。彼女は朝1回と夕方に1回、彼にえさをあげます。水もいつもあげています。彼女は毎日、放課後に彼を散歩に連れていきます。タロウは自由に走ることができるので、公園に行くのが好きです。タロウは歌うのもじょうずです。メイがピアノをひくと、彼もいっしょに歌います。

　タロウは庭に家がありますが、夜はメイといっしょに彼女のベッドでねています。メイは彼といると幸せです。

## 29 説明文（体験）

**1** *(1)* ④　　　　*(2)* ②
**2** *(1)* ④　　　　*(2)* ①

**1** *(1)* パトリックとエリカは毎日何をしていますか。　**1**　彼らは日本語を学んでいます。　**2**　彼らはスポーツを楽しんでいます。　**3**　彼らは友達の家を訪問します。　**4**　彼らは徒歩で学校に行きます。

解説 第1段落の最後の文に着目。「学校に歩いていく」とあることから、「徒歩で学校へ行く」と言いかえている**4**が適切。

*(2)* 来週、パトリックは…　**1**　エリカの家族とスポーツをします。　**2**　初めて運動会に参加します。　**3**　彼の家族と祭りに行きます。　**4**　アメリカに帰ります。

解説 第2段落の1、2文目に着目。来週、運動会があり、パトリックにとって初めての運動会だとある。

英文の意味

### パトリックの初めての運動会

　パトリック・ウィリアムズはアメリカ出身の生徒です。彼は今年、日本語を学ぶために日本に来ました。彼はエリカの家庭に滞在しています。彼とエリカは毎日いっしょに歩いて学校に通っています。来週は学校の運動会です。彼のアメリカの学校では運動会はなかったので、これが彼にとって初めてです。エリカは彼に運動会についていろいろと教えています。何もかもが新しいことなので、彼はとてもわくわくしています。

**2** *(1)* なぜパトリックはおどることを楽しみにしているのですか。　**1**　彼はダンスが得意です。　**2**　彼は日本の歴史に興味があります。　**3**　彼は日本語を勉強しています。　**4**　彼は伝統的な日本の文化が好きです。

解説 第1段落の3文目に着目。パトリックは伝統的な日本の文化に興味があり、それ（よさこい）をおどるのが楽しみだとある。

*(2)* パトリックにとって難しいことは何ですか。　**1**　校歌を歌うこと。　**2**　速く走ること。　**3**　高くジャンプすること。　**4**　よさこいをおどること。

解説 第2段落の1、2文目に着目。校歌は日本語なので覚えることができないとあり、そのあとに、クラスメイトが手伝おうとしているがとても難しいと続いている。

英文の意味

　パトリックとエリカは同じクラスです。

彼らのクラスはよさこいをおどります。パトリックは伝統的な日本の文化に興味があるので、それをおどるのを楽しみにしています。彼とクラスメイトたちはほとんど毎日練習しているので、パトリックはゆっくりと覚えています。彼らはとても一生懸命努力しているので、彼もベストをつくしたいと思っています。

パトリックは速く走ったり、高くジャンプしたりすることはできますが、校歌は日本語なので覚えることができません。クラスメイトたちは彼を手伝おうとしてくれますが、とても難しいです。家では夕食後に、エリカが彼に校歌を教えています。彼は、運動会までに覚えられるようにと願っています。

## ㉚ 英検4級でよく出る表現②

| 1 (1) ④ | (2) ② |
|---|---|
| 2 (1) ① | (2) ③ |

1 (1) 少女：まちがえた。あなたの消しゴムを使ってもいい、ハリー？　少年：いいよ。はい、どうぞ。　1 いいえ、結構だよ。
2 ほんの少しだよ。　3 いいですね。
4 はい、どうぞ。
解説 消しゴムを使ってもいいかと言われて、OK.（いいよ。）と答えているので、物を手わたすときに言う、4が適切。
(2) 少年：さいふを取りにいかなくちゃ。ここで待っててくれる？　少女：もちろん、問題ないよ。　少年：すぐにもどるね。　1 私はわからないな。　2 問題ないよ。
3 それは残念。　4 少し待っててね。
解説 Sure（もちろん）と相手のお願いを受

け入れているので、2が適切。

リスニング

2 (1) A: Your speech was great.  B: Thanks.  Is your turn soon?  A: Yes, in ten minutes.　1　Good luck.
2　You're welcome.　3　I'm coming.
A：あなたのスピーチ、すばらしかったよ。
B：ありがとう。あなたの順番はもうすぐ？
A：うん、10分後だよ。　1　がんばってね。
2　どういたしまして。　3　今、行くよ。
解説 これからスピーチをする人にかけることばとしては、はげましている1が適切。

(2) A: The concert starts at one o'clock. B: Let's have lunch together before that.  A: OK, I'll meet you at the cafe.
1　Take care.　2　I like music.
3　See you there.
A：コンサートは1時に始まるよ。　B：その前にいっしょにお昼を食べよう。　A：わかった、カフェで会おうね。　1　気をつけてね。
2　音楽が好きだよ。　3　じゃあ、そこで。
解説 カフェで会おうと言っているので、そこで会おうと答えている3が適切。

## まとめテスト 1

| 1 (1) ④ | (2) ③ | (3) ① |
|---|---|---|
| (4) ② | (5) ③ | |
| 2 (1) ② | (2) ③ | |
| 3 (1) ① | (2) ② | |

1 (1) A：この単語がわからないな。きみの辞書を使ってもいい？　B：もちろん、どうぞ。　1　テーブル　2　ノート　3　消しゴム　4　辞書
解説 わからない単語があると言っていることから、dictionary（辞書）が適切。

(2) A：ハルカは悲しそうに見えるね。　B：彼女は昨日、お気に入りのペンをなくしたんだ。　**1**　短い　**2**　人気のある　**3**　悲しい　**4**　お金持ちの

**解説** お気に入りのペンをなくした人の気持ちとして適切なのは、sad（悲しい）。

(3) A：ここに高い木があったの？　B：うん、でも先月父が切ったんだ。

**解説** 「〜がありますか」はIs[Are] there 〜？で表す。「先月」とあるので過去の文。あとに続く語はa tall treeなので、Wasが適切。

(4) A：絵はかき終わった？　B：いいえ、まだだよ。

**解説** finish drawingで「かき終える」という意味。finishのあとにto draw はこない。

(5) A：ケンジは右うでをけがしたそうだね。B：うん、だから彼は明日のテニスの練習には来ないでしょう。

**解説** ケンジが練習に来ないのは未来のこと。will notの短縮形のwon'tが適切。

**2** (1) 父親：ブラッド、庭で手伝ってくれる？　息子：いいよ、お父さん。今、行くよ。　**1**　花を見たよ。　**2**　今、行くよ。　**3**　あなたの番だよ。　**4**　私たちは木を植えたよ。

**解説** 「手伝って」と言われて、「いいよ」と答えているので、「今、行くよ。」の2が適切。

(2) 少女：すみません。この美術館に行きたいのですが。どの電車に乗ればいいですか。　男性：セントラル線です。美術館の前にとまります。　**1**　絵は何枚ですか。　**2**　切符はいくらですか。　**3**　どの電車に乗ればいいですか。　**4**　駅はどこですか。

**解説** 乗る路線を答えていることから、どの電車に乗ればいいかをたずねる3が適切。

**3** (1) Does Sayaka sing better than you?

**解説** sing better than 〜で「〜よりじょう

---

ずに歌う」。Sayakaとyouの位置に注意。

(2) It was snowing when I woke up.

**解説** ここでは、when 〜（〜のとき）が文の後半にくるようにする。

## まとめテスト2

| | | |
|---|---|---|
| **1** (1) ② | | (2) ④ |
| **2** (1) ③ | | (2) ① |

**1** (1) 絵画コンテストはどこで行われますか。　**1**　レイクタウン美術館のとなりで。　**2**　エントランスホールで。　**3**　会議室で。　**4**　ピザ店で。

**解説** 本文の3文目に「エントランスホールでは絵画コンテストがあります。」とある。

(2) コンテストの勝者は、…　**1**　おいしいサンドイッチを食べます。　**2**　5ドルを支払います。　**3**　美しいアートを見ます。　**4**　100ドル受け取ります。

**解説** コンテストの優勝者については、本文の4文目に「100ドルもらえる」とある。

英文の意味

**秋祭り**

レイクタウンは特別なイベントを開きます。美しいアートとおいしい食事をお楽しみください。エントランスホールでは絵画コンテストが行われます。優勝者は100ドルもらえます。会議室ではピザとサンドイッチが買えます。

時：10月1日から5日、
　　午前10時から午後5時まで
場所：レイクタウン美術館
チケット料金：5ドル
くわしくはウェブサイトをご覧ください。

**2** (1) ジムの自動車事故はいつでしたか。

1 18年前。 2 6か月前。 3 3年前。
4 去年。
解説 第1段落の2文目に「3年前にとてもひどい自動車事故にあった」とある。
(2) ジムが次にしたいことは何ですか。
1 ほかの車いすスポーツをする。 2 車いすバスケットボールのチームを探す。
3 野球チームに入る。 4 バスケットボールの試合を見る。
解説 第2段落の最後から2文目に「車いすテニスのようなほかの車いすスポーツに挑戦したい」とある。

英文の意味
　　　　　車いすスポーツ
　ジムは18歳で、オーストラリアに住んでいます。彼は3年前にとてもひどい自動車事故にあい、6か月間入院しました。今、彼は車いすを使っています。たいていの店、レストラン、映画館には車いす用のスロープやエレベーターがあるので、彼は車いすで多くの場所に行くことができます。
　ジムはスポーツが大好きだったので、スポーツができないことを残念に思っていました。ある日、彼はテレビで車いすバスケットボールの試合を見ました。それはわくわくさせるものでした。彼は自分もプレーしたいと思いました。彼はとなりの市で車いすバスケットボールのチームを見つけ、そこに参加しました。彼はスポーツを楽しむことができて、とてもうれしく思いました。彼は車いすテニスのようなほかの車いすスポーツに挑戦したいと思っています。彼は車いすスポーツがますます人気になることを願っています。

## まとめテスト3

1 (1)② (2)① (3)③
　(4)③ (5)② (6)①
2 (1)③ (2)② (3)④ (4)②
3 (1)③ (2)④

リスニング

1 (1) A: Excuse me. B: Yes? A: Is there a post office near here?
1 I need some stamps. 2 Sorry, I'm a stranger here. 3 Yes, I am.
A：すみません。 B：はい？ A：この近くに郵便局はありますか。 1 切手が必要なんです。 2 すみません、この辺りはよく知らないんです。 3 はい、そうです。
解説 道をたずねられている場面。この strangerは「不案内な人、初めて来た人」。

(2) A: How was the apple pie? B: It was delicious. A: Would you like some more? 1 No, thank you.
2 Here we are. 3 I like pizza.
A：アップルパイはいかがでしたか。 B：とてもおいしかったです。 A：もう少しいかがですか。 1 いいえ、結構です。 2 到着しました。 3 ピザが好きです。
解説 Would you like ～?は食べ物や飲み物をすすめるときの表現。No, thank you.（いいえ、結構です。）は断るときに使う。

(3) A: Oh, no! I don't have my watch. B: Is this yours, Emily? A: Oh, thank you. Where did you find it? 1 On Thursday. 2 I like your watch.
3 Under the sofa.
A：あ、大変！ 私のうで時計がない。 B：これはきみのもの、エミリー？ A：あ、ありがとう。どこで見つけたの？ 1 木曜日

だよ。　**2**　きみのうで時計はすてきだね。
**3**　ソファーの下だよ。

解説▶ Where 〜?（どこ）と場所をたずねられているので、場所を答える。

*(4) A:* Hi, Amy.　I didn't see you at school yesterday.　*B:* I had a cold.　*A:* Oh, did you?　How do you feel now?
**1**　No, I wasn't.　**2**　I came here at eight.　**3**　Thanks.　I feel better today.

A：やあ、エイミー。昨日は学校で会わなかったね。　B：かぜをひいていたの。　A：あ、そうだったんだんね。今は、気分はどう？
**1**　いいえ、私はそうではなかったよ。
**2**　私はここに8時に来たよ。　**3**　ありがとう。今日は気分がいいよ。

解説▶ How do you feel?（気分はどうですか。）には、体調を答える。

*(5) A:* Hello, Carol.　This is Satoru.　*B:* Hi, Satoru.　*A:* Do you want to go camping this weekend?　**1**　That was a lot of fun.　**2**　I'd love to.　**3**　I want new shoes.

A：もしもし、キャロル。サトルです。　B：こんにちは、サトル。　A：今週末、キャンプに行かない？　**1**　それはとても楽しかったよ。　**2**　ぜひ行きたいな。　**3**　新しいくつがほしいんだ。

解説▶ Do you want to 〜?（〜しませんか。）は相手をさそう表現。I'd love to.は、「ぜひしたい。」という意味。

*(6) A:* May I help you?　*B:* Yes, please. I'm looking for a T-shirt.　*A:* How about this one?　It's very popular.
**1**　Good.　I'll take it.　**2**　This is my first time here.　**3**　I'm just looking.

A：何かお探しですか。　B：はい、お願いします。私はTシャツを探しています。　A：

こちらはいかがですか。とても人気です。
**1**　いいですね。それにします。　**2**　私はここに来たのは初めてです。　**3**　私は見ているだけです。

解説▶ 買い物の場面。I'll take it.は「それにします。」「それを買います。」という意味。

**2** *(1) A:* Your room number is 301. Here is your key.　*B:* What time should I check out?　*A:* At eleven a.m.　Enjoy your stay.　*B:* Thank you.　Question: Where are they talking?

A：あなたの部屋番号は301です。こちらがかぎです。　B：チェックアウトは何時ですか。　A：午前11時です。滞在を楽しんでください。　B：ありがとうございます。　質問：彼らはどこで話していますか。　**1**　図書館で。　**2**　空港で。　**3**　ホテルで。
**4**　ショッピングモールで。

解説▶ 部屋番号を言っていることや、チェックアウトの時間をたずねていることなどから、ホテルで話していると考えられる。

*(2) A:* I wrote a birthday card for my father.　*B:* Wow, that's nice. I bought a cake.　*A:* Well, where's the cake, Katie?　*B:* Oh, no!　I left it at the cake shop.　Question: What is Katie's problem?

A：お父さんにバースデーカードを書いたんだ。　B：わあ、すてき。私はケーキを買ったよ。　A：ええと、ケーキはどこ、ケイティ？　B：あ、しまった！　ケーキ屋さんに忘れてきちゃった。　質問：ケイティの問題は何ですか。　**1**　彼女は十分なお金を持っていませんでした。　**2**　彼女はケーキをケーキ屋さんに忘れました。　**3**　彼女はプレゼントを買いませんでした。　**4**　彼女はカードを書き忘れました。

**解説** ケーキはどこかと聞かれて、ケーキ店に忘れてきたと言っているので、**2**が適切。

*(3) A:* I took photos in the park. I like taking photos. *B:* Wow, great. Can you take photos of my works? *A:* Of course. What do you make? *B:* I like to make dolls in my free time.
Question: What are they talking about?

A：公園で写真をとったんだ。 B：わあ、すごい。私の作品の写真もとってくれる？ A：もちろんです。何を作っているの？ B：時間があるときに人形を作るのが好きなんだ。 質問：彼らは何について話していますか。 **1** 彼らの写真。 **2** 彼らのお気に入りの場所。 **3** 彼らの家族。 **4** 彼らの趣味。

**解説** おたがいにするのが好きなことについて話しているので、**4**が適切。

*(4) A:* Would you like to go hiking in the mountains today? *B:* Sorry, Ken. I have to finish my homework. *A:* Well, how about tomorrow? *B:* That's fine. See you tomorrow! Question: What does the girl have to do today?

A：今日、山へハイキングに行かない？ B：ごめん、ケン。宿題を終えなくちゃいけないんだ。 A：じゃあ、明日は？ B：それならだいじょうぶ。では明日。 質問：少女は今日、何をしなければなりませんか。 **1** 山に行く。 **2** 宿題をする。 **3** 手紙を書き終える。 **4** ケンとハイキングに行く。

**解説** 少女は、今日は宿題を終えなければならないと言っている。

**3** *(1)* Today I went on a picnic with my friends. I brought sandwiches and rice balls for lunch. I made three ham sandwiches, five cheese sandwiches, and ten rice balls. All my friends said they were delicious. Question: How many sandwiches did the woman make?

今日は友達とピクニックに行きました。私は昼食にサンドイッチとおにぎりを持っていきました。ハムのサンドイッチを3個、チーズのサンドイッチを5個、おにぎりを10個作りました。友達はみんなとてもおいしいと言ってくれました。 質問：女性はサンドイッチを何個、作りましたか。 **1** 3個。 **2** 5個。 **3** 8個。 **4** 10個。

**解説** ハムのサンドイッチが3個、チーズのサンドイッチが5個で、合計で8個。

*(2)* Stacy's friend, Ryan will move to Florida next month. Stacy is very sad. She is planning a party before he leaves. He likes reading, so she is going to give him a book. Question: Why is Stacy sad?

ステイシーの友達のライアンは来月フロリダに引っこします。ステイシーはとても悲しんでいます。彼女は彼が出発する前にパーティーを計画しています。彼は読書が好きなので、彼女は彼に本をあげるつもりです。 質問：なぜステイシーは悲しんでいるのですか。 **1** 彼女はフロリダを去らなければなりません。 **2** 彼女はプレゼントをもらえませんでした。 **3** 彼女の友達がパーティーに来れません。 **4** 彼女の友達が引っこします。

**解説** ライアンがフロリダに引っこすと言ったあとに、Stacy is very sad.（ステイシーはとても悲しんでいます。）と続くので、**4**が適切。